奥妙科普系列丛书

U0589046

DISCOVERY

让青少年着迷
的科普书
彩图珍藏版

消失的
国度与文明

杨春◎编著

吉林出版集团股份有限公司·全国百佳图书出版单位

图书在版编目 (CIP) 数据

消失的国度与文明 / 杨春编著 . -- 长春：吉林出版
集团股份有限公司，2013.12（2021.12 重印）
（奥妙科普系列丛书）

ISBN 978-7-5534-3910-5

Ⅰ . ①消… Ⅱ . ①杨… Ⅲ . ①文物—考古—世界—青年
读物②文物—考古—世界—少年读物 Ⅳ . ① K86-49

中国版本图书馆 CIP 数据核字 (2013) 第 317301 号

XIAOSHI DE GUODU YU WENMING

消 失 的 国 度 与 文 明

编　　著：杨　春
责任编辑：孙　婷
封面设计：晴晨工作室
版式设计：晴晨工作室
出　　版：吉林出版集团股份有限公司
发　　行：吉林出版集团青少年书刊发行有限公司
地　　址：长春市福祉大路 5788 号
邮政编码：130021
电　　话：0431-81629800
印　　刷：永清县晔盛亚胶印有限公司
版　　次：2014 年 3 月第 1 版
印　　次：2021 年 12 月第 5 次印刷
开　　本：710mm×1000mm　　1/16
印　　张：12
字　　数：176 千字
书　　号：ISBN 978-7-5534-3910-5
定　　价：45.00 元

前言

Foreword

提到古代文明，人们自然而然会想到四大文明古国。事实上，除了四大文明古国之外，还有很多具有影响力的古文明，它们为人类科学发展和社会进步曾做出过杰出的贡献。

但是，世人对这些古文明却知之甚少，有的甚至从来没有听说过，它们的消失，一直以来让社会各界都感到费解。为什么一个在当时非常先进、繁荣的文明社会突然之间神秘消失，甚至居民也都销声匿迹？科学界给出了种种的答案，甚至离奇的解释，像被外星人摧毁、绑架，等等，但是人们更相信它们的消失是因为人为因素和环境因素造成的，像自然灾害、气候变化、外族入侵和经济原因造成的。遗憾的是，由于各种原因，人们无从知晓它们消失的真正原因，只能去推测、去猜想……

在本书中，我们站在科学的角度，通过大量科学资料去剖析这些古老文明消失的蛛丝马迹，力求为小读者们还原一个真实的历史瞬间，去认识一个个历史之谜。

目录

第二章 欧洲文明的繁荣昌盛

第三章 失落的古老文明——美洲文明

目录

第一章
发达的亚洲文明

在底格里斯河和幼发拉底河的孕育下，诞生了举世闻名的两河流域文明，苏美尔人在此建立了全世界最早的国家和城市；在印度河与恒河的恩泽下，孕育了神秘独特的印度文明，印度文明以其强大的辐射力，影响着亚洲乃至整个世界；在黄河和长江的哺育下，光辉灿烂的华夏文明一直繁荣昌盛，它更是世界上持续时间最长的文明，为人类社会的不断进步做出了卓越的贡献。

Part1 第一章

辉煌灿烂的巴比伦古城

古巴比伦王国创造了举世瞩目的辉煌成就，并照亮了人类前进的方向，而那曾令无数人艳羡的巴比伦古城，至今仍使人神往。

巴比伦古城就矗立在那一片战火弥漫的大地上，它承载着这片土地的欢乐与悲哀，记载着它的过去与现在，并将一如既往地默默守候着未来。就让我们一同漫步在这座满是伤痕与荣耀的古城内，细细品味它曾经的辉煌吧。

大约在公元前 1830 年，阿摩利人在巴比伦建造了他们的王国——古巴比伦王国。国王汉谟拉比在位时，颁布了世界上最早的成文法典《汉谟拉比法典》，并由此将古巴比伦王国带入了辉煌的巅峰，但汉谟拉比死后，古巴比伦王国便遭到了外族不断地侵犯。400 多年的战乱，使古巴比伦王国经受了无比惨痛的打击，直到公元前 7 世纪末，才在尼布甲尼撒的领导下，重建了新巴比伦王国。

在尼布甲尼撒二世统治时期，新巴比伦王国成为了两河流域最为繁华昌盛的大都城，开创

了西亚的辉煌与荣耀。

1899 年 3 月，一批德国考古学家在科尔德维的带领下，于巴格达南面的幼发拉底河畔，展开了旷日持久的大规模考古发掘工作。

考古工作持续了 10 多年，终于找到了 2000 多年前，由尼布甲尼撒二世改建的巴比伦古城遗址。

巴比伦古城建有内外两道城墙，防守十分严密，外城墙由外、中、内三道围墙组成，长度足有 18,000 米。外部围墙是约 3 米厚的砖结构；中部围墙和内部围墙的厚度足以让一辆四匹马拉的战车自由转身，城墙端面建有塔楼、战垛和箭孔。内城墙则由内、外两道砖结构城墙构筑，内墙厚约 6.5 米，外墙厚约 3.7 米，另外还建有塔楼 360 座，将整个巴比伦古城防护得犹如铁桶一般。

巴比伦古城内的交通要道都是用砖石铺就，并以柏油浇灌加固而成的，其路线可谓四通八达，纵横交错，其主道也被称为"圣道"。

巴比伦古城内的马尔都克庙和伊斯塔尔门都是非常神圣的古建筑。它们象征着王权神圣不可侵犯，以及人与神之间的交流。马尔都克神庙内供奉着古巴比伦人所崇拜的神——马尔都克。为了显示对神的景仰和敬畏，古巴比伦人用

黄金铸就了马尔都克神的塑像，就连庙墙都以黄金包裹，再用蓝色的彩釉砖装饰，远远看去，整个庙宇便会在阳光下熠熠生辉。伊斯塔尔门的外壁也是用色彩艳丽的釉砖建造的，聪明并富有想象力的古巴比伦人还在它深蓝色的墙面上装饰了各种各样姿态威猛、色彩艳丽的神兽浮雕。

从伊斯塔门向内就可以看到王宫了，在北宫摆放着很多巨大的石雕，其中就有用整块近似黑色的火成岩石雕琢而成的"巴比伦狮"。"巴比伦狮"的雕刻手法浑厚有力，大气磅礴，令人惊叹。南宫是尼布甲尼撒处理国家大事的所在，其面积约为 62,000 平方米，其中宫殿鳞次栉比，数以百计。

被誉为古代世界七大奇迹之一的"空中花园"也坐落在巴比伦古城内。"空中花园"建于公元前 6 世纪，其构思之精巧奇特，在当时的建筑领域可谓是空前的，由于花园高悬在空中，因此也被称为"悬苑"。相传，这"悬苑"是尼布甲尼撒二世为了自己的爱人所建。

◆ 巴比伦古城大门

在公元前 604 年，尼布甲尼撒二世登基为帝，他迎娶了伊朗高原米底亚国的公主塞米拉米斯为后。美丽的公主不习惯巴比伦那广袤的平原和满地的黄土，开始思念起自己的家乡。

为了让郁郁寡欢的爱人重展笑颜，尼布甲尼撒二世便下令在王宫中建造一座"空中花园"。

"空中花园"被设计成了一座四层土台的立体式结构，土台以石块为基，四周由列柱支撑，再用石柱和石板层层堆砌，直达高空。为了防止"空中花园"内渗水，因此每层都铺有浸透了柏油的柳条垫，尔后还要再铺两层砖，浇铸一层铅，如此确保万无一失后，才能最终覆盖上肥沃的泥土。

"空中花园"建好后，其中遍植奇花异草，让每一个步入这里的人都仿巴别通天塔是西方史书中经常提到的古代世界七大奇迹之一，而在七大奇迹中尤其以通天塔最为传奇。根据《圣经》中的记载，当大洪水退去后，诺亚的子孙在巴比伦一带建立了国家。但之后他们却变得越来越骄傲，竟然妄想建造一座通天巨塔来为自己扬名。神很惊怒，于是变乱了语言，让建塔之人再无法交流，于是再也不能合力建塔了。

佛进入了另一个世界，完全看不到四周的平地，只能看到满眼的苍翠和艳丽的鲜花。花园内还精心设计了灌溉系统，可通过建筑物底部的水井将幼发拉底河的河水汲取上来用以灌溉。尼布甲尼撒二世为爱人在"空中花园"里建造了一座富丽堂皇的宫殿，他和王后可以在这里欣赏美丽的风光。但遗憾的是，这座美丽的"空中花园"并没有保存下来，如今矗立在巴格达台拉公园内的"空中花园"，只是一件模拟的复制品，我们仅能凭此来幻想一下它曾经的风采了。

巴比伦古城有如此灿烂的文化，恢宏的建筑，坚固的城墙，可终究也没能抵挡住波斯和希腊大军的侵袭。公元88年，新巴比伦王国又被外族毁灭了，而辉煌一时的巴比伦古城，也泯灭于时光之中。

希腊历史学家希罗多德在他的名著《历史》一书中曾着重描写了巴比伦古城，他说："亚述有很多大城市，但最著名、最富强的首推巴比伦。"由此可见，巴比伦古城在史学家心目中的地位何其重要，虽然它已消失在了时空之中，但仍在历史上留下了它不可磨灭的印记。

❖ 巴比伦古城

楔形文字的奥秘

> 楔形文字是世界已知的最古老的文字，它在美索不达米亚人眼中具有神圣的意义，他们认为它能够规范人生的命运。

西方人最早认识的楔形文字，与阿卡德人、亚述人、苏美尔人和巴比伦人所使用的楔形文字并不相同，它们只是由波斯人所改造的楔形文字，而最早的楔形文字应该是由古代苏美尔人发明的，尔后阿卡德人继承并完善了这种文字，最终，亚述人和巴比伦人学会了它，并将它传播到了西亚的其他地域。

❖ 楔形文字

这种古老的，早已失传的楔形文字在1472年第一次出现在了人们的视线中，发现它的是一名去伊朗游玩的意大利人，他的名字叫作巴布洛。

当时巴布洛正在设拉子附近游历，他在一座古老寺庙的墙壁上发现了一种奇特的，以前从没见过的字体。这些字体看起来好像是用指甲划在墙壁上一般，并且每个文字都有三角形的尖角，有的尖角向下，有的向上，还有的横卧着，看起来好像木楔一般。这些图画一样的文字实在奇特，巴布洛怀疑这到底是不是一种文字，或者是些别的什么？但是巴布洛的发现在当时却没有引起人们的注意，因此欧洲人就这样与最古老的楔形文字失之交臂了，直到100多年以后，意大利人瓦莱才再次注意到了这些奇特的文字。

瓦莱比巴布洛要认真得多，他仔细地将发现的奇怪文字从墙上摘抄了下来，加以保存。在随后发掘的伊拉克古代遗址中，瓦莱又看到了这种奇特的文字，它们被刻在泥板上。至此，瓦莱断定它们肯定是属于古代西亚人的一种文字。瓦莱的这个发现让欧洲人首次认识了古老的楔形文字。

楔形文字从诞生起便被赋予了一种神秘的色彩，而关于它的起源更是引起了人们的种种猜测。

苏联科学院编撰的《世界通史》中认为，楔形文字之所以会诞生，是因为古代苏美尔地区发达的社会组织。

早在公元前4世纪中叶，苏美尔人就已经创造了文字的雏形。为了让行政管理更有条理和效率，于是，这种文字的雏形就逐渐演变成了一种真正意义上的文字。楔形文字的创造，是两河流域文化发展的最大成就之一。

不过还有一些较为普遍的

看法是，楔形文字的产生，主要来源于美索不达米亚人的特殊生活方式。这种看法得到了传统历史学家和考古学家的认同，就连大部分的西方百科全书也都持有这种观点。

❖ 楔形文字

但是，进入到 20 世纪 70 年代时，随着自然科学的不断发展，人们又发现了一些新的线索，这些新发现使楔形文字的起源又有了另一种解释。考古天文学家认为，楔形文字的诞生，是由 6000 年前船帆座 x 号超新星的爆发引起的。之所以会有这样的观点，是因为苏美尔学专家乔治·米查诺斯基在研究楔形文字的过程中发现，在早期的泥版文书记载中经常会出现关于一颗星星的记录，由于它出现得太过频繁，因此乔治·米查诺斯基认为这颗星星一定与苏美尔文明的起源有关。

随后，美国国家航空和宇宙航行局的天文学家理查德·斯特塞在 1980 年通过计算，论证了这一假设的合理性。查德·斯特塞查证，6000 年前的船帆座 x 号超新星，非常明亮，其光芒可与日月同辉，那样明亮的一颗星势必会给早期人类的心理造成巨大的震撼，并由此对其产生敬畏和崇拜，最终转化

成一种神话与宗教信仰，而记录这颗星的图画便成为了人们最早用以表达思想的文字。

虽然这种推理有一定的理论依据，但是，还是有学者对由一颗新星的爆发而引发人类文明的说法产生了怀疑。

在怀疑声中，专家们又有了新的发现，人们发现在最早的楔形文字中，最常出现的两个字是"星"和"神"，而这两个字的写法竟然惊人的相似。

另外，在对巴比伦和亚述的考古发掘活动中，人们也发现，美索不达米亚人赋予了文字一种很神圣的意义，他们敬畏文字，甚至认为文字可以规范人生的命运。他们还在修建的神庙或宫殿的地基中放入文字碑板，用以向神祈祷。种种现象都表明了楔形文字与世界上其他文字存在着根本性的区别。

对于楔形文字的研究与讨论还在继续，也许下一个考古发现就会为我们彻底揭开它的谜团。

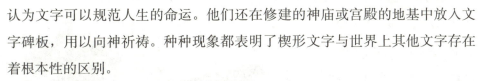
❖ 楔形文字

❖ 创世纪中的楔形文字

Part1 第一章

历史中的**巴比伦城**

在亚述首都尼尼微挖掘出来的泥板图书中记载了一座壮观、繁荣的古代城市——巴比伦城,这座城市一直吸引着世人的目光。

德国考古学家罗伯特·科尔德维于 1899 年带领着自己的考古队来到了幼发拉底河畔。他之所以会来到这里,是因为他知道,就在自己的脚下,正有一座奇迹般的城市沉睡着,这座城市就是古代美索不达米亚最为壮观的巴比伦城,而他将会让巴比伦重返人间。

科尔德维是一位与众不同的考古学家,他生性幽默,天生便带有一股浪漫主义气质,不像其他考古学家那样严肃古板,因此他的发掘报告也经常写得比较风趣,甚至有些夸张,这一点很让那些正统守旧的学者们不以为然,当然,科尔德维绝对不会胡编乱造,无中生有,他只是喜欢让自己的文章更具趣味性和可读性。而且,作为一名考古学家,科尔德维十分敬业,他在着手发掘巴比伦古城之前,就已经仔细研究过该地区地理环境和巴比伦城的历史了。

❖ 巴比伦遗迹

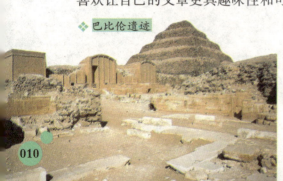
❖ 巴比伦遗迹

"巴比伦"在阿卡德语中有"神之门"的意思，伟大的国王汉谟拉比将它修建成了一座壮丽的都市。可惜，在汉谟拉比死后，他的帝国逐渐衰退，直至崩溃，巴比伦城也不得不更换了主人，其后的 400 年间，一直是加喜特人统治着巴比伦城。巴比伦城在这 400 年间几经风雨，历经劫难。

公元前 689 年，亚述王西那海里布打败了巴比伦人，并攻入了巴比伦城，他下令屠杀城内居民，摧毁所有建筑，最后甚至用大水淹了巴比伦城。为了达到彻底毁灭敌人的目的，当时的战争胜利者往往会摧毁敌人的城市和神庙，亚述王西那海里布也是如此做的，他为了将巴比伦从历史中彻底抹去，于是命人将巴比伦的泥土用船运往各地，四处挥洒，这象征着要让自己的敌人永远失去土地。但亚述王的阴谋没有得逞，公元前 7 世纪后期，迦勒底人联合其他民族一同毁灭了亚述王国，并重新建立了新巴比伦王国，将巴比伦作为自己的首都，出于报复，亚述的首都尼尼微也遭到了和巴比伦城同样的命运。

新巴比伦王国的第二位国王名叫尼布甲尼撒二世，他是一位非常出色的国王，在他执政期间，巴比伦王国的势力得到了极大地扩张，尔后，他又将主要精力集中到了对巴比伦城的扩建上。尼布甲尼撒二世想将巴比伦城建造成一座永远不会陷落的城市，就犹如那永不坠落的太阳一般，它的辉煌要远远超过汉谟拉比时期的巴比伦和亚述人时期的尼尼微。

❖ 空中的巴比伦遗迹

巴比伦城在尼布甲尼撒二世的手中步入了它的第二次辉煌时期。但是好景不长，公元前 539 年，巴比伦城遭到了波斯人的侵占，长期的战乱使得巴比伦城的宫殿被废，人口不断减少。辉煌的巴比伦自此逐渐陨落。希罗多德曾在公元前 460 年游历巴比伦城，当时的巴比伦虽然荒凉，可还能从中看到几分昔日的风采，但到了亚历山大大帝占领美索不达米亚之时，巴比伦城就已经彻底荒废了，而公元 7 世纪，在阿拉伯人统治美索不达米亚之前，巴比伦城废弃的城墙和宫殿还尚有残存，在那之后便只剩下一片茅屋了。

❖ 巴比伦时期所建

科尔德维此时此刻就站在巴比伦城曾经矗立的土地上，他想要挖掘出那座古代历史学家描绘过的辉煌城市，他想让那著名的《汉谟拉比法典》、在那神话中出现过的迄今为止，人们发现的最早、最完整的成文法典就是《汉谟拉比法典》，这部法典维护了奴隶主贵族的利益和不平等的社会等级制度，但也比较全面地反映了当时古巴比伦的社会状况。《汉谟拉比法典》全文分为3个部分，共3500行，被刻在了一根高2.25米的黑色玄武岩柱之上，是今人研究古巴比伦社会经济关系和西亚法律史的珍贵资料。

"通天塔"以及被世人称为"七大奇迹"之一的"空中花园"重现世间。

但巴比伦城真的像书中记载的那样伟大而壮阔吗？科尔德维有些担心，因为古代历史学家和游记作者们在描写某些事物时习惯使用夸张的手法，虽然以现有的资料来看，关于巴比伦城的描绘十分惊人，但当城市被发掘出来后，会不会与书中的描述相去甚远呢？即使有着这样或者那样的忐忑与担心，科尔德维依旧难以抑制心中对巴比伦的向往。

经过10年的努力，科尔德维和他的考古队终于完成了对巴比伦城的发掘工作。他为世人揭开了这座城市的全貌。

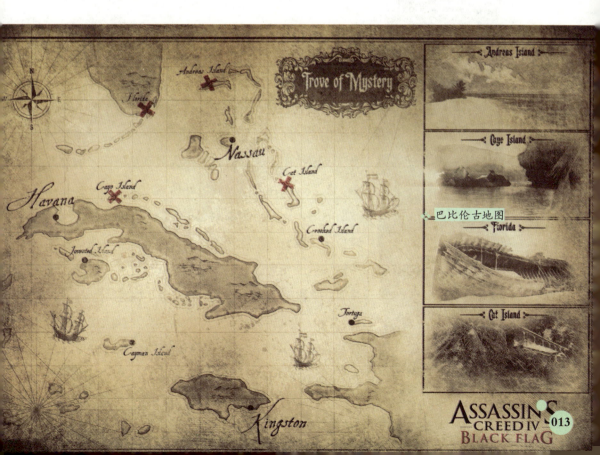

巴比伦古地图

褒贬不一的《汉谟拉比法典》

一部来自于4000多年前的《汉谟拉比法典》，引发了无数人的争论，作为人类世界的第一部成文法典，历史对它是褒还是贬？

《汉谟拉比法典》

《汉谟拉比法典》是古巴比伦国王汉谟拉比在位时颁布的，在汉谟拉比统治时期，他横扫六合，统一了从幼发拉底河至底格里斯河的广大亚述地区，征服了其中的数十个小国。版图的扩大也增加了汉谟拉比的工作量，他每天都要处理很多申诉案件，让人头疼。为此，汉谟拉比在其统治的第33年~38年间下令汇编一部成文法典，并将之刻在石柱上，供臣民们学习与执行。

汉谟拉比死后，古巴比伦王国逐渐衰落，在公元前1163年，埃兰人攻占了巴比伦古城，并将雕刻着《汉谟拉比法典》的石柱作为战利品带回了国都苏撒。尔后，埃兰王国又被波斯所灭。公元前6世纪，波斯国王大流士将国都定在了苏撒，于是记载了《汉谟拉比法典》的石柱又落入了波斯人之手。古巴比伦的辉煌早已变为了过眼云烟，而传世之作《汉谟拉比法典》也被硝烟和历史的尘埃掩藏了踪迹。

1901年12月，一队由伊朗人和法国人组成的联合考古队来到了位于伊朗西南部的苏撒古城旧址进

行考古挖掘工作。就是在这
里，考古人员发掘出了三
块黑色的玄武石，这三块
玄武石被拼在一起后，组
成了一根椭圆柱形的石
碑。石碑上部刻有浮雕，
而下部则是用阿卡德语楔
形文字镌刻的古代铭文。通
过考古学家和历史学家的一番验证，证实了这块石碑就
是早已被湮没在历史中的《汉谟拉比法典》。

❖ 《汉谟拉比法典》

被发掘出来的《汉谟拉比法典》并不完整，在它的正面，有七栏文字被
磨光了，这让人感到很奇怪，不过根据史料的记载，人们也知道了这一情况
的由来。原来，在埃兰国王占领了巴比伦古城后，想要在《汉谟拉比法典》

❖ 《汉谟拉比法典》

石碑上记录自己的丰功伟绩，于
是命人毁去了一部分铭文。不过
这些被毁的铭文又根据在其他地
方发现的泥抄本片断得到了复
原，否则这部世界上第一部成文
法典恐怕就要永远残缺了。

《汉谟拉比法典》由序言、
正文和结语组成。其内容包括了
道德、国家义务，以及延伸到了
私人社会生活的各个层面。

如果我们以现代人的视角来
看待《汉谟拉比法典》的话，就
会在其中发现很多人性化的思
想。比如一条关于离婚的法律就
非常富有同情心："如果一位贵

族因为妻子不能生育而休妻，则应当首先偿还她出嫁时所付出的全部代价，并将她的所有嫁妆归还。"还有关于领养别人孩子的法律中说道："如果某人将领养的婴儿养大，那么孩子的亲生父母不能将其领回。"还有根据当时的社会情况所制定的遗弃律法规定："如果丈夫远行，而出行前又没有留下足够的养家费用，那么妻子则可以入另一男子之门而不受谴责。"

还有人发现了《汉谟拉比法典》中所包含的"福利"条款，非常具有科学性。其中有：确保度量衡的信誉；适当调整家庭关系；将利率限制在百分之二十；确定每年基本商品的价格。在法典中还规定，城市要对未侦破的抢劫案和凶杀案的受害者做出相应的赔偿，例如某人遭到抢劫，但匪徒却没有抓获，那么被害者只需说出自己的损失，并发誓所言非虚，那么他的损失就会由发生抢劫案地区的地方长官负责赔偿。如果被害者死亡，那么出事的地方长官就要付一明那银子赔给受害者的亲属。

不仅如此，即使是从立法的角度来看，我们也能从《汉谟拉比法典》中找到值得推崇的地方，这部公开的成文法典，在很多地方都体现出了正义和伦理的精神。例如法典中就有这样的规定：如果某人伤了贵族的眼睛，那么也要打伤"伤人者"

知识小链接

汉谟拉比是巴比伦王国的第六代国王，他自称是"月神的后裔"。汉谟拉比在统治期间发动了一连串的战争，并击败了邻国，使巴比伦王国的统治区域扩展至整个两河流域。他还制定了历史上第一部成文法典——《汉谟拉比法典》，这成为了后人研究古巴比伦社会经济关系和西亚法律的一部珍贵材料。汉谟拉比被后世的人们赞誉为古代立法者。

❖ 执行《汉谟拉比法典》

的眼睛予以惩罚；如果某人打折了贵族的手足，那么也要打折"伤人者"的手足予以惩罚。法典还规定，如果有人殴打了居高位者的嘴巴，那么执法者就要给予他鞭六十的惩罚，但居高位者不能按照自己的意愿临时更改处罚标准，既不能将"违法者"所受刑罚的数目擅自增加到六十以上，也不能将人披枷戴锁关进监狱、发配充军、使人致残、杀头腰斩、凌迟处死，等等；当然，降低"违法者"受刑的数目或直接释放也是不可以的。此外，法典不鼓励"告奸法"，法典中规定：如果一个自由民在诉讼案件中所提供的罪证无法得到证实，如果案件关系到生命问题，则诬告者要被处死；假如一个自由民宣誓揭发另一个自由民的罪状，指控其杀人，但又无法举证，那么诬告的人将被判死刑；假如法官对所审理的案件做出了判决，并提出了正式的判决书，但其后又变更了判决，那么则犯了擅改判决的罪行，会被罚以原案之起诉金额的十二倍罚金，并且该法官的席位将从审判会议中撤销，不能再当法官并出席审判会议了。

尽管《汉谟拉比法典》有很多人性化的条款，可它仍遭到了后人的批判，其中主要原因之一就在于它的一成不变。《汉谟拉比法典》不允许任何变动，在其结束语中曾用严厉的话语诅咒企图敢于篡改法典的人："怨声载道的统治，寿命不会长，将出现连年饥荒、一片黑暗、突然死亡，……他的城市将毁灭，人民将离散，王国将更换，他的名字永远被人遗忘，……他的幽魂在地狱里喝不到水。"

关于《汉谟拉比法典》的评论仍在继续，但不论人们对它赋予了怎样的评价，都抹杀不了它存在的意义，因为它是人类第一盏通向法治之路的明灯。

Part1  第一章

空中花园是否存在过？

传说，在远古时期，古巴比伦国王为自己的爱妻建造了一座美丽绝伦的"空中花园"，那么这座传说中的花园是否真的存在呢？

要想彻底了解那座传奇的"空中花园"，我们还要先从公元前 6 世纪说起。

那是古巴比伦国王尼布甲尼撒二世在位期间，他迎娶了一位美丽的异国公主，公主名叫塞米拉米斯。塞米拉米斯公主生活的国度绿树成荫，山峦叠翠，拥有与古巴比伦完全不同的风貌，因为两个国家的景色相差太大了，这让每每思念家乡的公主找不到任何慰藉，于是总会默默垂泪，难展欢颜。尼布甲尼撒二世为了安慰自己的宠妃，便下令仿照王妃故国的景色建造一座阶梯花园，这就是大名鼎鼎的"空中花园"。

知识小链接

巴比伦空中花园，是古代世界七大奇迹之一，又称悬园。现已不存。空中花园据说采用立体造园手法，将花园放在四层平台之上，由沥青及砖块建成，平台由 25 米高的柱子支撑，并且有灌溉系统，奴隶不停地推动着齿轮的把手。园中种植各种花草树木，远看犹如花园悬在半空中。这个空中花园有没有存在过始终是一个谜。

如今，那美丽的爱情已经随着时间的逝去而消散了，国王和他美丽的王妃也早已化作了尘土，但他们爱的见证——"空中花园"，却成为传说流传了下来，并被无数人追寻着，几千年来，一批又一批的文人墨客用他们的笔墨和诗句将"空中花园"描绘成了一座美轮美奂的天堂。

传说中，"空中花园"有 100 多米高，四层平台，层层相叠，每层内部都有斜坡式的阶梯可以通向上一层。从幼发拉底河抽取

而来的水流在花园内化为了一股股的喷泉，晶莹的水珠映着日光幻化为一道道彩虹。在蜿蜒曲折的大理石小径上，各种各样的奇花异草竞相开放，使整座花园都环绕在苍翠之间，简直美不胜收。

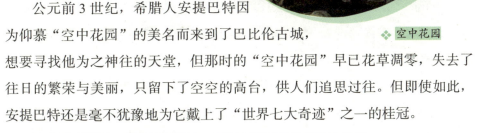

♦ 空中花园

这番传说中的美景实在太过诱人，总是引得各国艺术巨匠与建筑大师们怦然心动，魂牵梦绕。

公元前 3 世纪，希腊人安提巴特因为仰慕"空中花园"的美名而来到了巴比伦古城，想要寻找他为之神往的天堂，但那时的"空中花园"早已花草凋零，失去了往日的繁荣与美丽，只留下了空空的高台，供人们追思过往。但即使如此，安提巴特还是毫不犹豫地为它戴上了"世界七大奇迹"之一的桂冠。

"空中花园"不仅引人遐思，而且还引起了广泛的争论。

很多学者都认为"空中花园"是真实存在的，关于它的记载在很多古罗马和古希腊的著作里都能找得到。公元前 1 世纪中叶西西里岛的历史学家狄奥多鲁斯就曾经描述过"空中花园"的景象，而 50 年后，斯特拉波在他的著作《地理学》一书中，也曾有对"空中花园"的描述。

虽然很多人都认为"空中花园"确实存在，但现代历史学家却推断这座花园并非什么建筑杰作，只不过是个长宽高都只有几十米的土台而已。因为那些流传至

今的关于"空中花园"的记载，大部分都是出自于古希腊、古罗马人之手，而在那个年代，两河流域文明已经延续了大约2000年，而古希腊还没有迈入文明的门槛，也没有特别高大宏伟的建筑，亚历山大大帝的士兵们初到富饶的美索不达米亚地区，便被这里与家乡完全不同的美景所震撼了，因此才会对"空中花园"留下了那么深刻的印象，并将这种感觉带回了故乡，大肆宣扬。也许正是如此，才会使得希腊人觉得"空中花园"堪称奇迹。

不仅如此，还有学者发现，那些在自己的著作中提到了"空中花园"的古人，他们大多没有亲眼目睹过花园的景色，只是道听途说而已。而希罗多德却是亲自去过巴比伦古城，但他只是谈到了雄伟壮观的巴比伦古城，却没有提及"空中花园"，还有其他亲自到过巴比伦古城的古代希腊作家，他们也都没有在自己的著作中提及过"空中花园"，这也从另一个侧面证实了"空中花园"并非什么伟大的建筑。

史学家还考证，在尼布甲尼撒死后，波斯人攻占了巴比伦古城，尔后幼发拉底河的河道改变了走向，从此，河水远离了巴比伦古城。如此来看，即使"空中花园"曾经存在过，也早就荒废了，那些百年后的希腊作家更不可能看到过真正的"空中花园"了。

至此，有些人甚至开始怀疑"空中花园"是否真的存在？也许那个美丽得不可思议的建筑只是诗人和作家的想象而已。

可当人们对花园的存在产生疑问的时候，一条建造于公元前302年至公元前30年间的古埃及花园却引起了人们的关注，这座花园是来自尼多斯的索斯特拉托斯为托勒密二世设计的，他在其中的一个花园里建造了一条悬空的走廊，看到这条走廊，人们不禁会想，这一灵感会不会正

❖ 传说中的巴比伦空中花园

是源自古巴比伦的"空中花园"呢？

除了猜测，考古学家也在追寻着"空中花园"的影踪。

德国人罗伯特·科尔德维在他的一次考古发掘中发现了疑似"空中花园"的遗迹。但是这座"空中花园"遗迹看起来却并不伟大，可以说和其他六大古迹相比，它是那么的令人失望，即便在那座古城中，也有比它更引人注目的古迹存在，简直让人无法理解它是如何能够被誉为"世界七大奇迹"之一的。

虽然事实令人迷惑，但科尔德维还是怀着激动和喜悦的心情向世界宣布了"空中花园"的发现。

岁月如梭，斗转星移，"空中花园"的前世与今生充满了矛盾与谜团，也许那座天堂一般的"空中花园"真的存在，也或许只是人们夸大了它的美丽，但不管如何，它都是一个永远不朽的传说。

❖ 传说中的巴比伦空中花园

Part1 第一章

半途而废的"巴别"通天塔

犹太人的《圣经·旧约》之中记载了这样一座高塔，建造它的目的是为了欲与天公试比高，这座塔就是名为"巴别"的通天塔。

古巴比伦的"巴别"通天塔就建在今伊拉克的首都巴格达，它是美索不达米亚鼎盛时期的代表性标志之一，也是那时巴比伦王国内的最高建筑，人们无论在国内的任何地方都能看到它的存在，因此它被人们称为"通天塔"，也有人将它看作是天上诸神来到凡间的踏脚处，是天路的"旅店"或"驿站"。

"巴别"和"巴比伦"一词，在巴比伦语中都有"神之门"之意，犹太人的《圣经·旧约》中记载了巴别塔的来历：

相传，世界在经历了一场大洪水的劫难之后，活下来的人们都会讲同一种语言，彼此之间沟通十分方便，而随着时间的推移，诺亚的子孙也越来越多，他们一开始还生活在一起，但后来人口多了，便有一部分人开始向东迁移，寻找适合生活的地方。这些迁移的人们在古巴比伦附近发现了一大片宽广的平原，这里水草丰美，适宜居住，于是他们就在此定居了下来。

想要居住就要有房

子，但是平原上可以用来修建房屋的石料很少，于是众人集思广益，决定用烧透的砖来建造房屋。当房屋建好后人们又不满足了，他们还想要建造一座城和一座塔。他们打算将塔建得高高的，直通天穹，这样就可以让所有人都知道他们的丰功伟绩，还可以用来凝聚人心。因为当时人与人之间没有语言障碍，可以彼此交流，所以这个提议很快得到了所有人的赞同，大家齐心协力开始修建巴比伦城和直插云霄的高塔，似乎还要与天试比高。

地上人们的举动让住在天上的上帝震怒，他认为人类的这种做法完全是虚荣和傲慢的，为了不让人类再冒犯自己的威严，他决定亲自去惩罚那些狂妄的人类，一定要给他们一个大大的教训。

上帝来到人间，他惊讶地发现，当人类团结起来，齐心协力的时候，力量竟然是那样的强大，就连上帝都感到了一丝畏惧，他想，如果这次真让人类修成了那座宏伟的高塔，他们就会更加心齐，恐怕往后就没有什么事情可以难倒他们了。

为了阻止人类挑战自己的权威，上帝想出了一个一劳永逸的方法，他运用自己的能力变乱了人类的语言，使人们彼此无法交流，无法沟通，这样一来，人类的凝聚力就没有了，大家逐渐分散到了各处，那座要与天齐的高塔也就从此被荒废了。

《圣经·旧约》中的巴别塔只是一个传说，而真实的巴别塔在古巴比伦王国时代就已经开始开工修建了，只不过由于外来征服者的不断骚扰，一直没有建成。

新巴比伦王国建成后，国王那波帕拉沙尔便开始重建"巴别"通天塔，

消失的国度与文明

在他的铭文中有过这样的记录："巴比伦塔早已年久失修，所以马尔杜克命我重建。他要我将塔基建立在地界的胸膛上，而尖顶则要直插云霄。"但那波帕拉沙尔只将塔建到了15米高，剩下的工作便由他的儿子尼布甲尼撒二世接手了。

公元前586年，新巴比伦国王尼布甲尼撒二世打败了犹太国，并摧毁了耶路撒冷，他还将犹太国王和他的近万臣民一同掳掠到巴比伦古城，使他们成为了史上著名的"巴比伦之囚"。尼布甲尼撒二世将犹太人贬作奴隶，为他修建巴比伦古城和"巴别"通天塔。尼布甲尼撒二世"加高塔身，与天齐肩"，并在塔顶修建了马尔杜克神庙。因此，人们口中所说的"巴别"通天塔，一般所指的就是由那波帕拉沙尔父子所修建的那一座。

70年后，波斯帝王居鲁士击败了古巴比伦军队，拯救了被奴役的犹太人，但亡国之恨和被奴役的屈辱使犹太人难以忘怀，于是他们愤怒地诅咒古巴比伦人的"神之门"，并将希伯来语中的"巴别"二字译为了"变乱"之意。

公元前460年，古希腊历史学家希罗多德来到了巴比伦古城，他对巴比伦古城的雄伟壮观赞赏有加，并留下了关于通天塔的描述。据说，巴别通天塔的塔基每边长大约有90米，高也约有90米。整个塔身由八层高台组成，高台由大到小，层层叠加，在最上面还建有一座马尔杜克神的神庙。如果想要登上塔顶，可从墙的外侧，沿着建好的螺旋形阶梯攀爬而上，塔梯的中部还设有座位，可供人在中途休息之用。

如果按照古人对巴别塔的描述来看，它绝不比被誉为古代世界七大奇迹之一的"空中花园"逊色，而它之所以没有入选世界奇迹，可能是因为它如今已不复存在了。

是的，这确实是一件令人十分遗憾的事情，这座雄伟的高塔已经消失了，在它的遗址上只留下了一个巨大的坑，而这个坑也在岁月的流逝中被填平了。

如今，随着考古发掘的一次次探寻，人们最终重新确定了"巴别"通天塔的位置所在。不过也有人有不同意见，因为在巴比伦城的西南方，一个名叫波西帕的地方，考古学家们也发现了一座古塔庙的遗迹。在这座庙宇附近，人们还发现了一些文字的残片，上面记载，曾有一位古巴比伦国王下令在此地建造塔庙，可惜没等庙宇完工，国王却突然下令停止修建了，于是庙宇就只建了一半，这与神话中"巴别"塔的遭遇很像，所以也有人推测波西帕塔庙就是传说中的"巴别"塔。

❖ "巴别"通天塔

"巴别"塔就像一个历史的幽灵，让人只能在迷雾重重中看到它的一点点影像，却摸不到，抓不着，但它的存在也能让人从中看到人类的伟大和力量——只要团结，就没有人类做不到的事情。

Part1 第一章

寻找"诺亚方舟"

《圣经》中曾记载了一场可怕的大洪水,在这场灾难中只有乘坐方舟的诺亚一家人幸存了下来,那么诺亚方舟真的存在吗?

在距今 6000 年前,确实曾有过关于大洪水的传说,这个传说不仅被记录在《旧约全书》中,也被记录在了古代亚述首都尼尼微文库的泥板文书中。

《圣经》故事中说,上帝看到人类的种种恶行,十分恼怒,便决定用洪水清洗人类世界,但是他又不忍心让善良的好人死去,便将洪水即将到来的信息告诉了正直的诺亚,上帝对他说:"这块土地上的恶行太多,我将要使洪水泛滥,毁掉所有的人。不过你很善良,我决定留下你和你的妻子以及你的后代们。当洪水泛滥之时,大地尽毁,你可用木头造一艘大船,将你的家族和足以繁衍的动物带到方舟上去,洪水会泛滥 40 个昼夜,除了你们没有生物可以幸免。"

诺亚于是按照上帝的要求用歌斐木建造了方舟,很多人都嘲笑他的愚蠢,

❖ 诺亚方舟的残骸

根本不相信会有洪水到来,更没有人肯帮助他,诺亚孤立无援,只能独自造船,他花了整整 120 年的时间才造成了一只庞大的方舟,并将家人和各种飞禽走兽带了进去。7 天后,洪水自天而降,一连下了 40 个昼夜,大地上所有的人和动植物全部毁灭了,只有诺亚一家人存活了下来。

❖ 诺亚方舟油画

当大水毁灭了地面的肮脏之后，上帝便下令让大雨停了下来，洪水也渐渐有了消退的迹象。诺亚驾驶着方舟停靠在亚拉腊山边，但他不敢马上下船，而是又慎重地等待了几十天，直到洪水真的退去，诺亚才打开方舟的窗户，放出了一只乌鸦去查看情况，可乌鸦一去不复返，于是诺亚又放走了一只鸽子，鸽子转了一圈却没有找到落脚之处，只好飞回了方舟。又过去了七天，诺亚再次将鸽子放飞出去，这一次鸽子为他衔回了一片橄榄叶，诺亚看着那片绿油油的叶子，便知道地上的洪水已经消退了，也正是因为如此，现在的人们通常会用鸽子与橄榄枝来代表和平。诺亚带着家人和动物们走出了方舟，回到地面，开始重建家园，上帝告诫他说："你们将在大地上生育繁殖，但切不可作恶，凡流人血的，他的血也必被人所流……"

虽然这个故事只是《圣经》中的一个传说，但人们发现很多《圣经》中的记载都是真实发生过的，于是诺亚方舟之谜引起了许多《圣经》考古学家的兴趣。

那么诺亚方舟究竟停靠在哪里呢？在18世纪前后，曾有人声称见过方舟，它就停在土耳其东部，靠近伊朗国境的亚拉腊山顶，不过亚拉腊山是当地阿尔明尼亚人的圣山，阿尔明尼亚人认

❖ 传说的诺亚方舟

❖ 想象中的诺亚方舟

为登上亚拉腊山顶的人会遭到上帝的惩罚，因此没人敢登上去查看。

直到 1792 年，一个爱沙尼亚登山家打破了那个迷信，他第一次登上了亚拉腊山的山顶，自他以后，不断有人登山寻找诺亚方舟。1876 年，英国贵族詹姆斯·伯拉伊斯在亚拉腊山 4500 米左右的岩石地带捡到了一块木片，他声称自己找到了诺亚方舟的残骸。

1916 年，一位俄国飞行员在飞越亚拉腊山时，无意中在山头发现了一团青蓝色的东西，经过仔细查看，他惊讶地发现，那竟然是一艘房子般大小的船，于是他将这个发现报告了沙皇尼古拉二世，可惜的是十月革命爆发了，沙皇尼古拉二世也没有组织人手去查看这个发现。

第二次世界大战结束后，有一位土耳其飞行员在亚拉腊山拍到了一张"方舟"的照片。经过放大处理后，人们计算出了照片中船身的长度为 150 米，宽 50 米，这与传说中的诺亚方舟十分接近。

"方舟"的照片马上又引发了一场热议，随后在 1949 年和 1952 年分别有两支考古队登上了亚拉腊山寻找方舟，但都没有成功。

1953 年 7 月，一个曾经登上亚拉腊山寻找方舟的考古队员琼·费尔南·纳瓦拉，由于不死心，便带上自己仅 11 岁的小儿子再次登上了亚拉腊山的顶峰，这一次他们十分幸运，

❖ 想象中的诺亚方舟

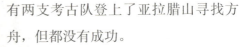

居然发现了"诺亚方舟"的残片，费尔南还从冰川中挖出了一块木板带了回去。经检测，这块木板曾经用过特殊的防腐涂料处理。在碳14的测定下，发现它至少已经有4484年的历史了，这不正是传说中"方舟"建造的年代吗？于是费尔南坚信自己真的发现了"诺亚方舟"，他还根据这次探查的结果，出版了一本名叫《我发现了诺亚方舟》的书，在当时引起了强烈的反响。

知识小链接

《旧约全书》是公元前12世纪到公元前2世纪，陆续以希伯来语写成的。据犹太人所说，《旧约全书》本是犹太人所著，尔后被基督教抢夺了犹太教义。但同时，《旧约全书》也是基督教的经典文献，其内容主要包括诗歌智慧书、历史书、摩西五经、大先知书和小先知书，共三十九卷，又分为律法书、智慧书、历史书和先知书四类。

不过，也不是所有人都坚信诺亚方舟的存在。美国人S.D斯各特和C.J.卡佐就提出了不同的看法，他们认为，如果方舟在5000年前就已经被搁置在了亚拉腊山的山顶，那么冰川运动早就将它转移到较低的高地上了，而且方舟在经历了地质运动和时间的流逝后，应该早已支离破碎，可是目前为止，从没有人找到过那些散落在四处的木头。尽管飞行员们还拍下了"方舟"的照片，但图片上的方舟十分模糊，让人很难相信其真实性。

还有人认为，方舟被搁浅在亚拉腊山面向黑海的山坡之上，因此它很有可能由于黑海水位暴涨而沉入黑海的海底了。

地质学家也从地质学方面驳斥了诺亚方舟的传说，因为他们从未发现过全球性大洪水的证据，而且，就算真的发生过一场大洪水，其水位也不可能会升高到5000米的高度，那么方舟又怎能到达亚拉腊山之巅的呢？

对于诺亚方舟的争论还在继续，但不论方舟是否真的存在，它都提醒我们，不要贪婪和残暴，否则自然之怒将给人类带来毁灭性的灾难。

■ Part1 第一章

哪里才是伊甸园？

> 上帝创造了人类，为了能让人类生活得更好，他又为人类建造了一座伊甸园，人们也将伊甸园称为"乐园"或者"天堂"。

在尼普尔遗址中，人们找到了写满楔形文字的泥板，泥板上记载了关于圣明净土的神话。传说在那片净土上既没有疾病，也没有死亡，水神恩奇为净土注入淡水，使各种各样的植物可以在其中无忧无虑地生长。地母女神宁霍萨格与水神恩奇结合，生出了三位女神，并孕育了八种珍贵的植物，没想到水神恩奇竟然将那八种植物全部吃掉了。地母女神大怒，施法让水神恩奇身体的八个部位都患上了疾病。后来地母女神还是原谅了水神，为他治愈了病痛，还为他的每个患病部位孕育出了一位痊愈女神，其中就包括肋骨。因为在苏美尔语中"肋骨"一词被译为"梯"，所以治愈肋骨的女神就被称为"宁梯"，这个名字其中的一层含义就是"给予生命的女神"，"宁梯"女神的产生与伊甸园的女主人夏娃是多么的相似啊！

《圣经》上是这样描写夏娃的诞生的：上帝用黏土创造了亚当，

❖ 亚当夏娃在伊甸园

幼发拉底河全长约有2800千米，是西亚最大的一条河流，也是中东地区的一条著名河流，它与底格里斯河共同界定了美索不达米亚。幼发拉底河的源头在安纳托利亚的山区，河流一路流经叙利亚和伊拉克地区，最后与底格里斯河合二为一，成为阿拉伯河，注入波斯湾。

他是世界上第一个男人，上帝将自己的气吹入了亚当的鼻孔里，于是亚当拥有了生命，但拥有了生命的亚当觉得很孤独，于是上帝在亚当沉睡之时，从他身上取下了一根肋骨，并用这根肋骨创造了世界上第一个女人——夏娃。夏娃不但是用亚当的肋骨创造的，她还是人类之母，也是一位"给予生命的女神"。

亚当和夏娃在神的祝福下缔结了婚姻，是人类第一对组成家庭的爱侣。上帝用亚当的肋骨创造了夏娃，而没有用泥土，因此当神把夏娃带到亚当面前的时候，亚当不由得脱口说道："这是我骨中的骨，肉中的肉。"我们完全可以把这句话看作是一句世上最动听的情话，也许这也正是上帝选用了亚当的肋骨来创造夏娃的原因，因为肋骨是最贴近人"心"的骨骼，神也许就是希望亚当这个丈夫可以用"心"来体贴、爱护妻子夏娃吧。

为了让这对贴心爱侣可以无忧无虑地生活，上帝又在伊甸为他们建立了一座花园。这座花园中四季常青，长满了世界各地的花草树木，树上结出的果实甘甜可口，芳香扑鼻。在花园中还有两棵最高大的树木，一棵是生命之树，另一棵是智慧之树，这座花园就是传说中的伊甸园。

《圣经》比较偏爱智慧，因此对智慧树描写得比较多。但人们发现，在古代两河流域，生命树比智慧树更加受人重视。古波斯的宫廷中，就雕刻有生命树的图案。

❖ 伊甸园

在亚述的宫廷中也有生命树的浮雕图案，而亚述的主神则手持毛刷，亲自收集生命树的汁液。这些都证明了生命树的重要性。

考古学家还发现，在楔形文字中也有"亚当"和"伊甸"这两个词语。"亚当"的意思是"平原上的定居点"，"伊甸"的意思是"未耕耘的平原"。在两河流域古城遗址的考古发掘中，人们看到了一幅奇特的雕刻。那是一棵盘着蛇的树，树的两边分别站着一男一女。据推断，这可能就是亚当和夏娃最初的造型。

❖ 伊甸园

那么，这座传说中的伊甸园是否真的存在呢？它又存在于什么地方？几千年来，世人一直都在寻找着伊甸园的所在，想要解开它的谜团。

有人说伊甸园存在于古代的美索不达米亚；另一些人说它在伊拉克的南部；还有学者表示它在波斯湾的海底。

❖ 在伊甸园被驱逐的亚当夏娃

人们在《旧约全书·创世纪》中找到了关于伊甸园的描述，书中说：一条滋润着伊甸园的河从中流过，从那条河中又分出了四条支流。其中一条是底格里斯河，一条是幼发拉底河，而基训河与比逊河还没有被确定具体位置。不过，随着考古发掘的进行，密苏里西南

大学的尤罩斯·扎林斯推断，比逊河就位于沙特阿拉伯的沙漠中，只不过现在只剩下了一道干涸的河床，而基训河就是发源于伊朗，最终流入波斯湾的库伦河。按照扎林斯的判断，这四条河流在波斯湾的交汇处，就是伊甸园的所在。在 32,000 年前，这里也曾经是一片气候宜人的乐土，但不知道出于什么原因，到公元前 15,000 年前时，此地的气候开始变得越来越干燥，土地也不再肥沃。为了生存，当地的牧民被迫迁往别处生活。时光流逝，物换星移，到了公元前 6000 年～公元前 5000 年之间，此地的气候又发生了一次巨大的转变，使得这一地区再度繁荣起来，曾经离开的牧民们重新返回了祖地，但却与此地的农夫——欧贝德人发生了冲突。牧民们为了更好地生活，于是结束了四处游牧的日子，开始定居下来从事农业生产。在这期间，他们可能也流传下了祖先曾在此地无忧无虑生活的传说，这也就是关于伊甸园来历最初的版本。尔后冰川纪到来了，冰川的融化使海平面不断升高，最终将伊甸园淹没于海中。

不过，猜测终归还是猜测，伊甸园究竟在哪里还有待考古人员的进一步发掘。

Part1 第一章

永不消失的**文明**

古波斯文明曾经显赫一时，也曾经开创了伟大的帝国，但它最终还是毁灭了，古波斯文明失落了 2000 多年，它还能否复苏？

在1835 年，一位奉命前往伊朗担任军事顾问的英军少校罗林森来到了贝希斯敦村。这位英军少校的业余爱好是考古，他听说在贝希斯敦村发现了石刻，便迫不及待地跑去了。

贝希斯敦村本是一个默默无名的小乡村，2000 年来，它一直远离城市的喧嚣，被人们遗忘在世界的角落里。但罗林森的发现却使它猛然间出现在了所有人的视线里，并且冲出亚洲走向了世界。

罗林森所发现的峭壁铭文就被雕刻在距地面约 100 米的地方，石刻高约 8 米，宽约 5 米。上半部刻有一幅浮雕。浮雕的主角是一个扬扬自得的贵族男子，他身罩披肩，倚弓而立，双目圆睁，炯炯有神，气宇轩昂。他左脚则踏着一个倒在地上臣服的人，而右手则指向光明与幸福之神阿胡拉·马兹达。在贵族男子的背后有两名手握长矛，身背箭袋的男子，另有 8 人被绳索捆着脖子，匍匐在贵族男子的脚下。在这幅雕刻中，除了贵族男子，其他人都被雕刻得很矮小，这使得贵族男子的形象愈加高

❖ 峭壁上的浮雕

大伟岸。

浮雕的下半部是一篇铭文，铭文是用古波斯语、阿卡德语和埃兰语三种楔形文字写成的。

楔形文字的产生距今已经有5000多年的历史了，是西亚的一种古老文字。但因为古波斯楔形文字是一种纯粹的人造文字，本身认识的人就不多，使用的范围也很小，随着古波斯王国的灭亡，这种古老的文字便逐渐成为了一种无人通晓的"死文字"，而另外两种楔形文字也已经失传了，人们很难知道这篇铭文中到底说了些什么。

但罗林森不死心，他冒着生命危险爬上悬崖峭壁，将铭文小心地拓印了下来。在此后的12年间，他一直在试图翻译这些文字。终于，皇天不负苦心人，1845年，罗林森终于将这些古波斯文成功地译解了出来。那些被破译的文字为我们讲述了这样一个故事：

公元前522年3月的一天，波斯皇帝冈比西斯二世带领大军远征埃及。在他离开之后，出现了一个名叫高墨达的僧侣，他冒名顶替了已被冈比西斯处死的皇弟巴尔迪亚，在波斯和米底煽动群众叛乱，而冈比西斯皇帝又恰巧

❖ 贝希斯敦石刻铭文

在从埃及返回的途中病死了，于是高墨达便顶替巴尔迪亚之名继承了皇位。但这位新国王行动诡秘，从不召见大臣，这就引起了人们的猜疑，甚至有人认出他就是拜火教的僧侣高墨达。后来，冈比西斯的一位王妃发现了新皇帝的秘密，原来新皇帝居然没有耳朵，这下人们更认定新皇帝就是僧侣高墨达了，因为这个高墨达由于过失曾被居鲁士皇帝下令割去了双耳。波斯贵族们愤怒了，他们决定发动一场政变，夺回皇权。

知识小链接

古波斯帝国是由古代伊朗高原地区的古代波斯人建立的一个奴隶制帝国。阿契美尼斯家族统治着这个强大的帝国，所以波斯帝国也被称为阿契美尼德帝国。公元前330年，马其顿的亚历山大大帝领军进攻波斯帝国，致使波斯都城波斯波利斯沦陷，大流士三世也死于逃亡途中，波斯帝国从此灭亡。

政变成功了，但是新的皇帝要由谁来担当呢？最后，聪明的大流士用计战胜了对手，当上了皇帝。

在贝希斯敦村发现的这篇铭文，记载的正是大流士的丰功伟绩，尤其是他镇压叛军的经过，好以此名垂千古。

贝希斯敦石刻铭文的破译，为人们展现了古波斯帝国的历史画卷，也让人们对那段尘封的历史有了更加深刻的了解。

但铭文中所记录的就是真实的历史吗？很多现代学者并不这么认为，他们觉得贝希斯敦铭文中的记载，很有可能只是一个篡位者精心编造的谎言。历史的真相也许是这样的：冈比西斯二世在即位后想要强化王权，但他的举措却引起了贵族的不满，于是冈比西斯二世成为了一场宫廷政变的牺牲品。此后，他的弟弟巴尔迪亚得到了王位，但巴尔迪亚没有吸取兄长的教训，依旧想要加强王权，于是他得到

◆ 贝希斯敦石刻

了和兄长一样的结局，以大流士为首的贵族集团发动了政变，终于弑君篡位成功。

　　大流士是一位十分英明的君主，他登上帝位后就开始大力巩固自己的统治，为了寻找法律方面的援助，他编纂法典，还修订了各地原有的法律。他统一了度量衡，并固定了各行省的贡赋。大流士还考

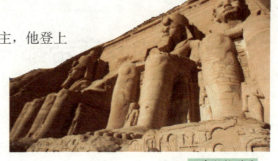
❖ 贝希斯敦雕塑

虑到了国民的具体情况，因为当时国内民族众多，语言文字各异，导致了政令不畅，但他并没有实行粗暴的"民族沙文主义"，而是将当时西亚流行的阿拉美亚语定为了官方通用语，这样诏令和公文就有了统一的文字，他还允许各地继续沿用本地语言处理地区事务。大流士统一了钱币，他下令铸造和使用印有他头像的金币"大流克"，如今，这种钱币都已经成为了古币收藏家们手中的珍品。大流士统治下的帝国在艺术和文学上也获得了不小的成就，为古波斯文学和后世文学树立了典范。

　　为了防止叛乱的出现，大流士将帝国分为了众多军区，军区长官只对他个人负责，其他人都无权调动部队。波斯贵族掌握了行政权力，纷纷担任各行省的总督，军事与政治分治，权力归于国王。为了使政令可以通达，大流士下令修建了一条由尼罗河到红海的运河，这就是苏伊士运河的前身，另外，他还修建了一条全长 2000 多千米的驿道，并在沿途设立了 100 多个驿站，信差们以接力的方法传递信息、运送物资。像这样为了军事目的而修建的运河、驿 道不止一条，它们除了为军事服务外，还促进了各地区之间的经济文化交流。

　　在古代波斯文明庇佑下兴起的伟大帝国最终还是为亚历山大率领的马其顿军所灭。古老的文明失去了传承，逐渐没落，乃至消亡，但"贝希斯敦铭文"的发现却再一次重现了那个古老文明的风采。

Part1 第一章

灰烬下的波斯帝都——波斯波利斯

波斯文明孕育了伟大的波斯帝国，这个世界性的大帝国曾经有过三座都城——帕萨加第、苏撒和最后被火焚毁的波斯波利斯。

公元前518年，波斯国王大流士一世将都城迁到了波斯波利斯。波斯波利斯宫殿的建造历经了三个朝代，前后共花费了60年的时间，才最终完成。据记载，王宫的建筑汇集了众多民族和部落的能工巧匠，使其建筑风格包含了很多地域的民族特色。

根据记载于波斯波利斯王宫正门上的铭文可以知道，在大流士一世时期，王宫只建成了觐见大殿、宫殿、宝库和三宫门等建筑。尔后，在薛西斯一世时期，又修建了万国门以及剩下的部分。当这座象征着阿契美尼德王朝辉煌文明的伟大王宫建成以后，它就成为了波斯帝国的心脏，矗立在波斯平原上，傲视万邦。

波斯波利斯王宫的建筑总面积共14万平方米，房舍都建造在一座长448米，宽297米，高12米的人工平台上。在平台的西北侧有一条宽7米的阶梯，111级石阶蜿蜒而上，每级石阶都是10厘米高。平台上的阶梯可以通向"万国门"，它也可以被称为"波斯门"或"薛西斯门"。

❖ 波斯波利斯石刻

在平台上建有觐见大殿，也被称为阿帕达纳宫，它是波斯国王大流士一世接见外国使节的宫殿，殿内是一个边长 61 米的正方形大厅，整个大厅的面积足有 3600 平方米，可以轻松容纳近万人入内。大厅外墙贴着黑白两色的大理石

和彩色琉璃面砖，雕刻着拼接图形和花纹，枋木和屋檐都以金箔包裹，内墙则镶有壁画。大厅内以 36 根巨大的石柱为支撑，外侧的前廊和左右侧廊也各有 12 根石柱作为支撑，这些石柱高达 18 米，在其柱基、柱身和柱头处都有精致的雕刻图案。

考古学家还发现了两个仪式用的巨大阶梯，它们一个通向觐见大殿的北面，另一个则通向东面，阶梯上雕刻有大量的浮雕图案，这些浮雕图案历经了 2400 多年的历史还依旧显得那样栩栩如生，浮雕上刻画了 23 个属国使臣向波斯帝国皇帝进贡的场面，只见属国使臣们手捧着从各自国家带来的各色贡品恭敬地站成三排，在军官的带领下朝拜位于大殿中央的帝国皇帝。帝国皇帝则站在象征着威严的华盖之下接受众人的朝拜，并将波斯帝国的伟大和威仪传播向四方。也有传言称，大流士一世在大殿的地下埋藏了大量的文书和钱币。

在与觐见大殿仅隔了一个小庭院的地方，人们又发现了一座更加庞大的建筑，据考古学家考证，这里很可能就是薛西斯一世的觐见大殿，这个大殿的大厅也同样是正方形的，不过边长为 73 米，比大流士一世时期的大殿要更大一些。

大殿被 100 根 13 米高的巨大石柱支撑，因此也被人称为"百柱殿"。在"百柱殿"之后，就是寝宫、金库以及贮藏室了。

波斯波利斯的宫城雄伟壮丽，不但具有很高的历史价值，而且在建筑艺术方面也独具匠心，它的建筑艺术和雕刻技艺集众家之所长，显示出当时的波斯帝国已将周围地区的文化与自身融为一体了。

在 1930~1940 年间，考古学家完整地发掘出了波斯波利斯宫殿的建筑遗址，但在惊叹于这座宫殿雄伟壮丽的同时，他们也发现了一个奇怪的地方，在王宫遗址的正殿和珍宝库位置，有严重的火焚痕迹。

如此强大的波斯帝国，是谁敢于焚烧它的王宫？历史学家在对史料进行过详尽的比对后，将目光投向了马

❖ 波斯波利斯浮雕

其顿王亚历山大。

公元前334年的春天，波斯帝国和亚历山大正式开战了。亚历山大率领着以马其顿人为主力的希腊联军向小亚细亚进发。他的部队包括了3万步兵、5000骑兵和160艘战舰，声势浩大，所向披靡。波斯军队在格勒奈克斯河战役中被亚历山大击败。

公元前331年春，亚历山大再次率军向东进发，在距阿卑拉城不远的高加米拉村与波斯军队展开了高加米拉战役。此战波斯帝国的主力军彻底败给了亚历山大率领的大军，尔后，波斯帝国的首都波斯波利斯陷落。

亚历山大在占领了波斯波利斯后便将王宫付之一炬，让这座当时世界上最为雄伟华丽的宫殿变成了一片灰烬。

在英国著名的历史学家赫·乔·韦尔斯所著的《世界史纲》一书中是这样评价亚历山大焚毁波斯波利斯王宫的理由的："把万王之王的伟大的宫殿焚毁，是希腊人对薛西斯焚毁雅典的报复。"

古希腊史学家阿里安也在他的著作《亚历山大远征记》一书中这样记述：亚历山大焚毁波斯波利斯王宫是为了报复。因为

知识小链接

亚历山大大帝是古代马其顿国王，亚历山大大帝国的皇帝，也是古代史中一位著名的政治家和军事家。亚历山大执掌马其顿王国13年，在此期间，他东征西讨，以其雄才大略确立了自己在希腊的统治地位，尔后又消灭了强大的波斯帝国，建立起了一个庞大的帝国，开创一个盛世辉煌的局面，同时促进了东西方经济的发展与文化的交流。

"波斯人曾在雅典烧毁庙宇，大肆破坏，对希腊人犯下了无数的罪行"。

美国学者杜兰·威尔对此持有另一种观点，他在自己所著的《世界文明史》一书中指出：亚历山大焚毁波斯波利斯王宫，是因为他看到了800个曾被波斯人残害的希腊人，这让亚历山大极为愤怒，因此才焚毁宫殿加以报复。

❖ 波斯波利斯石刻

日本学者大牟田章和古罗马史学家普鲁塔克提出：亚历山大是在一次酒后，受到了雅典名妓泰绮思的挑逗和怂恿，这才下令放火焚毁宫殿的。

对于王宫被焚毁的原因，众人各执己见，但这些解释都缺乏确凿的证据，因此波斯波利斯被焚毁的原因还只能等待进一步的考古研究。

不论如何，波斯仍是一个伟大的民族，他们所建立的帝国也同样伟大，波斯波利斯作为这个伟大帝国的都城，于1979年被联合国教科文组织归为文化遗产，并列入《世界遗产名录》。

Part1 第一章

失落的明珠——塔德木尔城

> 人类的历史就是一个建设与毁坏的轮回,有无数伟大的创造,最终也毁于人类之手,塔德木尔城就是这样的一座城市。

在公元前 2000 年的石刻上曾经出现了"塔德木尔"这个地名,它和历史上许许多多的城市一样,由人类兴建,也由人类毁灭。

据记载,在新石器时期塔德木尔就已经是一个人口稠密之地了。公元前 1世纪,塔德木尔更成为了一个拥有自治权的城邦,可以行使国家的所有职能。由于塔德木尔独特的地理位置,使它成为了一个商品流通的枢纽,阿拉伯的香料与中国的丝绸、服饰都能够经此运往西方,而西方的紫荆和玻璃器皿也可以由此运往东方。塔德木尔向过境的商队收取固定的商税,以此充实国力。随着税收的不断增加,塔德木尔也不再满足于仅仅充当一个商品中转站的职能,很多市民都参与到了经商的活动中,他们甚至将商业据点开到了西班牙。贸易的收入让塔德木尔城邦越来越富足,于是人们又在此建立了一座城市。

❖ 商队在丝绸之路上

经济的繁荣使得塔德木尔国力大增，于是想要开疆拓土的野心也越来越大。公元 260 年，塔德木尔国王乌辛纳趁着波斯国王出兵攻打罗马军队，后方空虚之机，突袭了波斯都城。而在乌辛纳死后，他的妻子哲诺比亚王后继承了丈夫的遗志，不但控制了整个叙利亚，还将领土扩张到了小亚细亚和尼罗河流域，一时间威势逼人，俨然以中东霸主自居。但塔德木尔的强大也引起了罗马皇帝乌尔扬的重视，于是他组织大军对其进行了讨伐。

知识小链接

叙利亚位于地中海东岸，亚洲西部，与土耳其和伊拉克接壤，它的首都大马士革位于叙利亚西南巴拉达河右岸，是世界著名的古城，被人们誉为"天国里的城市"。叙利亚的经济主要依靠农业、加工业、旅游业和石油，但石油储备目前正面临枯竭。1945 年 3 月，叙利亚与埃及、伊拉克等 7 个阿拉伯国家组成了阿拉伯国家联盟。

塔德木尔被攻破，王后成了俘虏，她被带上了用黄金制作的手铐和脚镣在罗马大街上游行示众，尔后身死狱中。

塔德木尔人也不甘心成为罗马人的俘虏，于是举行了英勇的起义，可惜起义军没能战胜罗马军队，就被其残酷地镇压了。罗马军队在洗劫了塔德木尔城后，一把火焚毁了城市。

现在塔德木尔古城的遗址就坐落于叙利亚中部小城巴尔米拉附近。人们可以从地中海岸沿着公路直插沙漠内陆，向东行驶 240 千米，直到一个大绿洲，规模庞大的塔德木尔城遗址就在那里，人们远远地就能看到被搭建成簇圆形的石柱。

塔德木尔古城遗址中心是一座以大方石砌成的凯旋门，门呈"山"字形，矗立在"中央大街"上，其表面装饰着精美的雕饰图案。中央大街全长 2000 米，城市被其分隔为东西两部分；中央大街的入口是贝勒神庙，凯旋门位于它的中点，出口为陵墓。400 根精雕细刻的圆形石柱在大街两侧组成了一条柱廊，廊檐偃卧其上；柱廊的中部凸出一个小基座，上面应该是用来安放显贵之人塑像的，但那里的塑像已经全被洗劫一空了，廊檐也有多处断裂，使这个曾经应该很独特的建筑失色不少。

贝勒神庙是塔德木尔古城最大的一处遗迹，其四周被两排精美的回廊环出一个长方形的庭院，在庭院偏中的位置放置有祭台，一般而言，祭台应该被设置于神殿正中，因此这里祭台的位置就比较引人遐思了。在庙门口还保存有一组雕像，雕像为三名身披斗篷的贵妇形象。

贝勒神是当时塔德木尔古城人最敬仰的神祇，神庙的祭司不仅要负责日常的祭祀，还可以参与城邦的政治社会活动，在当时有着非常重要的地位。

在中央大街左侧有一座不大的圆形剧场，结构严谨，但是没有古罗马和希腊的剧场那样雄伟。在城西北的小山下，有一个陵墓群。在地上的墓葬被建成了多层塔式结构，外部用雕刻、彩绘的手法加以装饰，每座陵墓都专属于一个家庭或家族所有。地下的陵墓则类似于宫殿的样式，应该是属于王族所有。

从塔德木尔古城遗址中人们能够看到阿拉伯、叙利亚、希腊、罗马等风格的各式建筑，由此可以猜想到当时东西方文化交流之密切程度。

塔德木尔古城是古代人民的一个建筑杰作，可惜，它已在战火中化为了灰烬，如今只剩下了这些残垣断壁静静地躺在沙漠之中，默默地向人们展露着它曾经的辉煌。

贝勒神神像

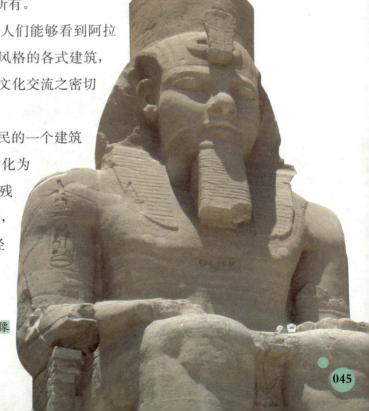

■ Part1 第一章

神秘的"女儿国"

> 吴承恩在《西游记》中描写了一个奇特的女儿国，即使是现代社会，"女儿国"也依然存在。

"神秘的东方女儿国"就存在于云南省西北部，四川和云南交界处的泸沽湖畔，这里不但风景如画，山川秀丽，而且还完整地保存下了古老的原始社会形态和全球唯一的、独特的民间风俗，被世人誉为"人类母系氏族领地的活化石"。

生活在泸沽湖畔的数万摩梭人从古至今一直都生活在以女性为核心的母系氏族家庭里，这里男不娶、女不嫁，人们过着独特的走婚生活。

泸沽湖畔的摩梭人盛行走婚，在这里，至少有 90% 的摩梭男女仍然还保

❖ 泸沽湖畔

留着古老的走婚习俗，只有不到 10% 的男女会因为情侣双方的需要而选择同居，或者有的人家中没有女孩，而摩梭风俗以女为"根"，以女为贵，为了延续家庭的香火，男子只好娶一个媳妇回家。

"走婚"的习俗是以男子的"走"来实现婚姻的一种方式，男女双方不需要嫁娶。只要情投意合，男方就可以在晚上到女方家偶居，次日一早再回到自己家中，双方都不算是对方的家庭成员。走婚中的情侣彼此称呼对方为"阿肖"或"肖波"。"阿肖"代表具有夫妻意义的情侣，而这种情侣只代表走婚的关系，并不看重门第家世，更不受法律的约束。

"阿肖"这种走婚关系也不是毫无

❖ 女儿国的泸沽湖

约束的，更不是所谓的群婚。像姨表、弟兄、叔伯、姊妹这种近亲关系，是绝对不允许结为"阿肖"的。而且一个男人也不允许同时与多名女子结为正式的阿肖，一个女人当然也不能同时与多个男子结为正式阿肖。男女双方想要结交阿肖，只需要看双方的感情有多少，在情感的基础上，外貌、身材和头脑都是其中的决定因素，金钱和地位在此时起到的作用不大。结交阿肖没有媒妁之言，更没有家庭包办。一般而言，男女双方在一起劳动、娱乐、交谊时就会因为相互爱慕而产生情谊，只要双方情投意合，就能自由决定是否要建立阿肖关系。一旦男女双方订下关系就不会受到任何外在力量的阻挠。

阿肖的缔结和建立是非常自由的，手续也十分简便，可以托人交换礼物或者双方私下交换信物，就可以确定这种关系。

一部分男女交换信物的方式比较庄重。当一男一女彼此产生情谊，决定结为阿肖时，男方通常会请一位自己信任的人，带上服饰、糖茶之类的礼品去女方家交换礼物，而女方家在收到礼物并知道对方的来意后，会询问女儿的意见，如果女儿同意了，便可以结为阿肖，如果女方不同意，只要委婉地退回礼物即可。

另外还有相当一部分男女会通过私下或托人交换礼物的方式确定关系。礼物可以是随身携带的手镯、戒指等饰品，也有的女子会将自己亲手制作的鞋垫或麻布腰带赠送给男子作为礼物，男子则可以加赠一个首饰或者围巾作为回礼。男女双方一旦交换了礼物，便结为了阿肖关系，男子可以在夜间到女方走婚，不过以这种方式缔结的关系，在一开始大都会保密一段时间，慢慢地才会逐渐公开。

男女结为阿肖，这种关系并不稳定，有的可以从一而终，还有个别男女可能因为客观原因，或者情感因素，会在私下结交非正式的秘密阿肖，也就是所谓的"临时阿肖"，但这种现象并不常见。

在男女双方年轻的时候，阿肖关系大多都不稳定，部分成年男女，在青壮年时期，一般会拥有一个长期而稳定的阿肖对象，同时也可能还有临时阿肖存在作为补充，即拥有一个正式阿肖和多个非正式阿肖，但随着年龄的不断增长，阿肖关系会趋于稳定。

摩梭人的走婚习俗在 21 世纪的人看来，带着几分神秘和诱惑，但也让人们从中看到了早已消失的"母系氏族社会"的影子。

知识小链接

泸沽湖位于我国四川省盐源县左侧和云南省宁蒗县北部永宁乡的万山丛中，素有"高原明珠"之称。泸沽湖面积 50 多平方千米，海拔 2690 米，湖中共有五个全岛、三个半岛和一个海堤连岛。泸沽湖湖水清澈，是我国最深的淡水湖之一，也是云南省海拔最高的湖泊。2009 年 11 月，泸沽湖景区被国家旅游景区评定为 AAAA 级风景名胜区。

Part1 第一章

高棉——一个王国的兴衰

> 高棉帝国，它兴盛于阇耶跋摩一世统治时期，衰落于 13 世纪，灭亡于暹罗军队之手，如今，它是世界级人类文化遗产。

在 19 世纪后期，一位法国考古学家亨利·莫霍走进了金边北方约 311 千米处的暹粒，他在那里发掘出了被埋没在森林里将近 400 多年的高棉帝国都城——吴哥。

高棉帝国是发源于柬埔寨的一个古国。大约在公元 400 年的时候，高棉人建立了一个叫作真腊的国家，这个国家在 700 年前后阇耶跋摩一世统治时期最为强盛。但随着时间的推移，真腊逐渐衰落下去，后来一度被爪哇人击败。802 年，阇耶跋摩二世再次建立起高棉国家，他将都城定在吴哥。阇耶

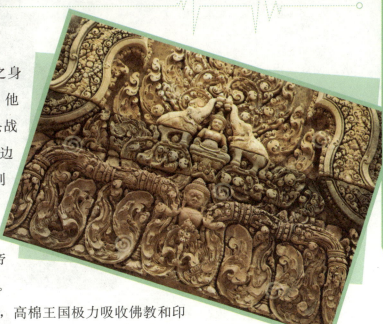

跋摩二世以神王之身统治着高棉王国，他的军队拥有数百头战象，曾经征服了周边大多数地区。直到苏利耶跋摩一世和苏利耶跋摩二世统治时期，高棉帝国步入了极盛时期。

吴哥王朝之时，高棉王国极力吸收佛教和印度教文化，并为其建造了大规模的寺庙，这些寺庙大多分布于都城及其周边地区。

13 世纪时，神王的统治逐渐被人们所厌倦，百姓不愿意再被迫为神王服劳役，高棉的社会体系逐渐瓦解。1431 年，暹罗军队入侵高棉，并迫使高棉人放弃国都吴哥，高棉帝国从此灭亡，吴哥王城也被时间的洪流湮没在了茫茫的丛林之中。

当法国考古学家亨利·莫霍发现吴哥的消息被报道出去以后，马上震惊了全世界，而位列人类文明七大奇迹之一的吴哥窟也终于能够重现世间了。

现存的吴哥建筑有吴哥城，它也被称为大吴哥，还有吴哥寺，它又被称为小吴哥，或者吴哥窟，以及其他的约 600 座建筑，这些吴哥建筑都散布在约 40 平方千米的热带雨林中。

在吴哥王城的中心点上矗立着一座巴戎寺，寺庙的回廊东西长 160 米、南北长 140 米。从外表看，它好似一座金字塔形建筑，在其最高处有一座涂金的圆形宝塔。按宗教来说，这预示着天上的佛与地上的人息息相通。在其四周还建起了 48 座大大小小的宝

知识小链接

柬埔寨是东南亚国家联盟成员国之一，其旧时也被称为高棉，它位于东南亚中南半岛，首都金边。高棉族是主体民族，占总人口的 80%，少数民族有普农族、占族、傣族、老族、斯丁族等。佛教作为柬埔寨的国教，受到了绝大多数百姓的信奉。柬埔寨的经济以农业为主，工业基础较为薄弱。

塔，如众星拱月一般，簇拥着中心宝塔。

巴戎寺回廊的上方，原来都建有木制结构的屋顶，但因为时间太久了，目前这些木制屋顶也只剩下了一些断垣残壁。不过寺庙墙壁上那一幅幅丰富生动的雕刻却能让人眼前一亮，那里记述了一段段遥远的故事，有古代战争、百姓生活、湖畔风光等，是不可多得的珍贵史迹。

巴戎寺主体建筑共分三层，下面两层是正方形的，其外侧廊壁上也雕刻了浮雕故事，故事分别为：出征占婆—林迦崇拜—水战—水上生活—赢得胜利—斗鸡和下棋—军队—内战—大鱼吞羊—胜利游行—马戏团—占婆人洗劫吴哥。寺庙的顶层为圆形，建有佛塔。

❖ 高棉古遗迹

1992 年，吴哥窟被联合国教科文组织评定为世界级人类文化遗产。曾经兴盛一时的高棉王国虽然毁灭了，但它的精神文化却依然留存了下来。

■ Part1 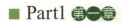 第一章

充满秘密的**死亡之城**

> 一座3600多年前的古城，一场灭了城中所有人类的灾难，这一切都说明了什么？死亡之城中到底还隐藏着怎样的秘密？

1922年，印度考古学家拉·杰·班纳吉带领着他的考古队发掘出了一座古城的废墟，古城废墟中的情景实在令人惊悚，因为那里到处都散落着人类的尸骨和骷髅，所以人们将那座城称为"死亡之城"。

❖ 死亡之城地图

经过考古专家的考证，"死亡之城"存在于公元前2500年~公元前1500年之间，虽然"死亡之城"的存在历史比不上古埃及和美索不达米亚，但其影响却比它们更加深远。而最令人震惊的是，人们发现这座古城中的居民几乎是在同一时刻死去的。

"死亡之城"的原名为摩亨佐·达罗。它位于今天巴基斯坦信德省拉尔卡纳县境内，曾经是印度河流域最大的一座文明古城，在当地的方言里，摩亨佐·达罗是"死亡之丘"的意思。

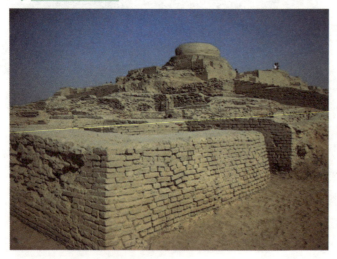

通过对"死亡之城"遗址的发掘可以看出，摩亨佐·达罗这座占地8平方千米的城市曾经十分繁荣。整座城市为长方形结构，城市被分成了西面的上城和东面的下城，纵横交错的街道将上下两城的街区分隔成了棋盘格的形状，东西和南北走向的宽阔大道蜿蜒其间。宗教祭司和城市首领都居住在上城之中，上城四周建有防护用的城墙和壕沟，城墙上还筑有瞭望楼。上城之内建有庭院、高塔、大厅以及世界知名的摩亨佐·达罗大浴池。这座大浴池的面积达到了1063平方米，是由烧砖砌成的，在它的地面和墙面上还用石膏填补过缝隙，之上再盖以沥青，最大可能地防止了渗水问题的发生。浴场四周并列着入口窄小的独立洗澡间，其中的排水沟设计十分巧妙。与上城的高大精巧相比，下城的设计就显得有点简陋了，不但布局略显杂乱，而且房檐也比较低矮。

❖ 摩亨佐·达罗遗迹

这里的居民住宅大多是两层楼房，为了避免灰尘和噪音，临街一面基本是不开窗的。而且这里几乎家家户户都有浴室和便所，精巧的地下排水系统为人们的生活提供了方便。此外，许多住宅都在中心位置建造了庭院，居室围绕四周，使得城市整体显得十分清洁美丽，居民的生活也安详而舒适。按照当时的文明程度来说，这座城市的建设已经比较科学合理了，并且初步具备了现代化城市的一些特征。

考古学家从遗址中发掘出了大量的青铜像、印章、铜板以及陶器，还发现了2000多件带有文字的古物，其中包括500多个符号。目前学者们正在针对这些文字和符号进行释读。

"死亡之城"的发掘除了带给人们震撼外，也让人们产生了许多疑问。在3600多年前，怎么会出现一座文化程度如此发达的古城呢？而古城的居民又为何会在同一时间死去？到底是什么力量杀死了这里的居民？"死亡之城"的谜团一直都被科学家列为世界难解的三大自然谜团之一。不过，人们对以上的问题也做过相应的猜测。

有的科学家在实地考察后提出了灭绝性疾病、洪水灾害和征服者入侵这几种可能。还有一位意大利科学家温琴季和一位英国科学家杰汶波尔更是提出了一个大胆的假说，他们认为摩亨佐·达罗城的状况与日本广岛被原子弹轰炸后的情况十分相似。

两人分析称，虽然"死亡之城"建立在一条水源丰沛的河流中央的岛上，但城中却没有发现有洪水肆虐的痕迹。恰恰相反，人们在这里发现了大规模火灾的迹象。另外，城市的废墟中还散落着大量被烧过的矿物碎片和黏土。这些东西经过试验显示，都是在1400℃～1500℃的高温下烧制出来的，如此高的温度只可能在冶炼作坊的锻造炉内形成，而那些海量的烧熔黏土和矿物碎片绝不是一两座锻造炉可以烧制的，以当时的生产力水平来看，这很困难。

◆ 摩亨佐·达罗塔

在"死亡之城"中人们还发现了很多爆

炸的痕迹，在爆炸的中心，整片的建筑物都被夷为了平地，由此向四周辐射，距离越远的建筑被破坏的程度就越小，而边缘地带的建筑物甚至是完好无损的，这些现象都与原子弹爆炸后的情景非常相似。

在人们发现的一首古代印度梵语叙事诗中有过这样一段关于战争的描述："犹如自然的威力瞬间迸发了出来。太阳在旋转。武器的热焰灼烧着大地。大象在烈火中狂奔，想要躲避这可怕的灾难。河水开始沸腾，百兽陆续死去，敌人纷纷倒下，尸体狼藉。马和战车都被焚毁，战场上到处是大火劫后的景象。海面上犹如死一般的沉寂。风起了，大地恢复了光亮。这真是一幅令人毛骨悚然的情景，死者的尸体被大火焚烧得肢体不全，难成人形。我们从未看到或听到过如此的武器。"这段对于可怕战争场面的描述，让人们很容易将这种"秘密武器"和原子弹联系在一起，它们的威力和产生的后果真是十分相像。

那么，难道是印度河流域的征服者已经掌握了原子能技术吗？这个说法很难取信于人。不过，对于"未解之谜"人们总是充满了好奇，更加喜欢发挥想象力，为其寻找答案，于是不少人坚信摩亨佐·达罗城的覆灭和外星人有关。另外，因为考古学家们在"死亡之城"中只发现了少量的尸骨，人们又在怀疑那些失踪的居民是不是真的被外星人带走了？

关于"死亡之城"的说法各有道理，看来，在找到更加确切的证据前，人们是不可能探究到"死亡之城"的秘密了。

Part1 第一章

失落的文明——吴哥

吴哥曾是东南亚高棉王国的都城。它目睹了一个王朝的兴衰，尔后被人们逐渐遗忘，可时间的流逝依旧没有掩去它的灿烂辉煌。

让我们拭去时光的尘埃，随着那一声声从远古传来的呼唤，穿过柬埔寨洞里萨湖附近茂密的丛林，拨开阻挡着视线的藤蔓，透过斑驳的阳光，寻找那遗失在历史中的古城——吴哥。

❖ 吴哥雕像

公元 9 世纪 ~15 世纪时，东南亚的高棉王国将都城定在了吴哥。9 世纪初时，吴哥王朝经历了 25 位国王的统治，整个中南半岛南端以及越南和孟加拉湾之间的广袤土地都属于吴哥王朝，其势力范围是今天的柬埔寨远远无法比拟的，可谓盛极一时。

在吴哥王朝时期，统治者经常大兴土木，也因此而造就了 600 多座拥有佛教、印度教风格的寺塔和古今奇迹的吴哥城、吴哥寺、女王宫。

吴哥城，也被称作大吴哥，其占地 10 平方千米，始建于公元 9 世纪之时，在耶跋摩七世

消失的国度与文明

在位期间又进行了一番扩建，是高棉帝国所建立的最后一座都城。

吴哥城是一座正方形的城市，整体都是用赤色石块垒砌，共有五座高约20米的城门，四周矗立着四面面带神秘微笑的湿婆神像，神像头高约三米。在城门两侧还各有一尊三头石象，石象牙齿长可及地，鼻子在莲花中弯卷，活灵活现，生动逼

❖ 吴哥窟

真。吴哥城外有一条绕城的壕沟，沟上立有一座大桥，桥两边分别安放了27尊跪坐状的石刻神像。城内则建造了大大小小的寺庙、皇宫和宝塔，其中最引人注目的就要数女王宫和巴扬庙了。

女王宫是在耶跋摩五世执政时修建的，就坐落于吴哥城东北方约25千米的地方。这座宫殿专为妇女而建，因此里面有很多精美绝伦的女性浮雕，故被称为"女王宫"。女王宫也被誉为"丛林珍珠"，主体建筑是由三座并排耸立的神祠与左右对称的配殿组成的，其中还雕刻着精美的浮雕。

巴扬庙是一座佛教寺庙，它被建在一座两层石砌的台基之上，在庙宇的中心部分有一组由相连的16座宝塔组成的建筑群，而"16"则象征着当时王国的16个省。在16座宝塔中都布满了石刻，塔的顶部还雕刻着面露微笑的四面佛，它代表着国王，象征着王权的至高无上和佛教的神圣意义。中央有一个45米高的圆形宝塔，这象征着神与人的联系，也展示了高棉人的宇宙图景。

距吴哥城约4000米，就能够看到吴哥

知识小链接

傣族是世界上最古老的民族之一，它的发源地在中南半岛北部和云南南部的峡谷平原地区。傣族的先民古掸人自古以来就在那块土地上休养生息。随着时间的推移，傣族在漫长的历史演化中与缅甸的少数民族、泰南部的土著族、柬埔寨民族发生了融合。13世纪初叶，泰国成为了一个统一国家。

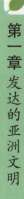

窟了，吴哥窟是一座供奉印度教神毗湿奴的寺庙，东西长 1500 米、南北宽 1300 米，建筑面积 195 万平方米，是目前世界上最大的一座寺庙。它修建于 12 世纪，当时的统治者苏利耶跋摩二世国王一共动用了 30 万劳工，历时 37 年才完成了对吴哥窟的修建，据说后来它成为了苏利耶跋摩二世的陵墓。

❖ 微笑的吴哥

建造吴哥窟时共用了 30 亿吨石头，有的石块竟然重达 8 吨，而且每一块石料都如同被打磨过的大理石一般平整，石块与石块间也不用灰浆黏合，而是使用了一种混合的棕榈汁，使其结合处平整如一，几乎看不到一丝缝隙，在石柱和墙壁上装饰有各类浮雕。

在吴哥窟周围环绕着一条宽 190 米，长约 5000 米的护城河。护城河内还建有两道围墙。吴哥窟的正门外，一道石桥横跨在护城河上，桥西两侧各有一尊石狮把守，在石桥两侧的护栏之上还各雕刻

❖ 吴哥遗迹

着一条"那伽"蛇的水神像。吴哥窟的主体建筑宏伟壮丽，整个寺院都被建筑在一个石砌的三层台基之上，其上还建有五座尖塔，中央尖塔足有 65 米高，另四座稍小一些。吴哥窟的寺庙建筑是根据

❖ 神秘的吴哥

印度教和佛教的世界观而修筑的。传说，须弥山坐落于大海之中，它就是这个世界的中心，也是众神的居所。在须弥山四周还有四岳，这就是吴哥窟主殿五座宝塔的原型。另外，高山之外还有七重山和七重海层层环绕，最外层的铁旱山就是世界的尽头，那环绕着主殿的重重回廊与护城河就是意指此处。

❖ 吴哥的膜拜者

　　吴哥窟建筑十分有特色，多层回廊环绕其间，其中还有精美的浮雕艺术，高塔群逐层上升，中心突出，错落有致。吴哥窟内的装饰浮雕多雕刻于回廊的墙壁以及窗楣、廊柱、栏杆、基石之上，种类繁多，令人目不暇接。吴哥窟的长廊是世界上最长的一条浮雕长廊，其中的塑像和浮雕有 18,000 幅以上。最常见的是一种被雕刻在整面墙上的舞蹈天女像，雕像上的天女都裸露着上

身，头戴美丽的头冠，姿态雍容华贵，十分动人。

吴哥窟不仅是一座艺术的宝库，更是柬埔寨人民的灵魂寄托，在柬埔寨的国旗上就有一个圣塔的图案，那正是吴哥窟圣塔。

可惜，吴哥的繁荣并没有阻挡住敌人的铁蹄，1431 年，傣族大军攻占并洗劫了吴哥，迫使高棉人放弃了吴哥城。从此以后，繁荣的吴哥就湮没于柬埔寨洞里萨湖东北地区的丛林榛莽之中了，到 16 世纪时，那里已经成为了一片杂草丛生的废墟。

19 世纪，一位名叫亨利·莫霍的法国科学家找到了吴哥，他对吴哥进行了详细的考察并做了记录。直到此时，吴哥才又重新被人们所认识。吴哥的发现引起了探险家们的关注，在众人的合力下，吴哥古迹也受到了世界的重视，但身处热带森林的吴哥建筑如今还在经受着烈日和雨水的侵蚀，雨林中茂盛的树木也在一步步挤压它的领域，也许有一天，吴哥古迹又会再次被丛林所吞没，消失在人们眼前。

吴哥古迹中到处都布满了文明的闪光，到处都散发着艺术的气息，它是文明失落在时光中的一颗明珠，等待着重新焕发出美丽和光彩。

Part1 第一章

中国最古老的文字——甲骨文

甲骨文是我国的一种古文字，也有人认为它是一种汉字的书体，这些被刻在兽骨上的文字，是研究我国古代文化的重要资料。

大概在公元前16世纪～公元前10世纪，我国商代和西周早期，出现了以龟甲和兽骨为载体来记载文献的形式，它也是我国汉语文献的最早形态。那些被刻在龟甲和兽骨上的文字最初曾被称为甲骨刻辞、契文、卜辞、殷墟文字、龟板文等，到了现代则被通称为甲骨文。甲骨文也是我国最古老的一种成熟文字。

现今发现的绝大部分甲骨文都出自于殷墟。殷墟是殷商时期的遗址，曾是殷商后期都城的所在地，因而得名"殷墟"，其范围包括了河南省安阳市西北小屯村、侯家庄、花园庄等地。在此地发掘出的甲骨，大部分都是商王朝时期的占卜记录。

商朝时期的统治者十分迷信，无论遇到何事都要先用龟甲或兽骨占卜一番，其占卜的内容很繁杂，例如农作物

知识小链接

商朝又被称为殷或殷商，是我国历史上的第二个朝代，也是我国首个有文字记载的王朝。商朝的建立者名叫商汤，其后裔盘庚将都城迁到殷后，便又以"殷"称之，或者叫作"殷商"。商朝处于奴隶制的鼎盛时期，奴隶主贵族是商朝的统治阶级，由他们掌握商朝的官僚统治机构和军队。商朝前后相传共17世，31王，延续国祚600年。

甲骨文

❖ 甲骨文的发源地

The Cradle of Chinese Writing

收成好不好、近期内是否会有灾祸、战争能否胜利、天是否会下雨、哪些神鬼需要祭祀，甚至于就连疾病、生育、做梦等事都需要占卜，好以此来与天地沟通，探知神鬼的意愿，诸事的吉凶。当时人们占卜大多使用牛的肩胛骨或者乌龟的腹甲、背甲。占卜者在占卜时通常会先在准备好的甲骨背面钻出一些小坑，这种方式后来被甲骨学家们称为"钻凿"。当占卜之时，人们会将这些带有小坑的甲骨加热，使其产生裂痕，这种裂痕被称作"兆"。

甲骨文中占卜的"卜"字，就与"兆"相似。从事占卜的人可以依据卜兆的形态来预示吉凶。事后，占卜者会将占卜的时间、占卜者、占问的内容和结果以及验证情况等刻录在甲骨上，并将其作为档案材料归由史官保存。除占卜刻辞之外，甲骨文献中还包括有一小部分的记事刻辞，其内容涉及广泛，包括了天文、历法、地理、气象、农业、畜牧、田猎、交通、世系、家族、方国、人物、职官、刑狱、征伐、宗教、祭祀、人文、生育、疾病和灾祸等等一系列内容，是研究我国商代社会文化和历史的珍贵材料。

目前我国发现的甲骨约有 15 万片，其中有 4500 多个单字。单字中包括指事字、会意字、象形字，其中形声字约占 27%，由此可见我国的甲骨文，在当时已经是一种十分成熟的文字系统了。这些文字与现代文字在外形上有很大的差异，但究其构字方法，还是基本一致的。

甲骨文除了殷墟出土的之外，还有广西平果感桑遗址出土的骨刻文字、石刻文以及水书、东巴文等，这些文字也都同属于甲骨文范畴，都是我国古代遗留下来的重要文献资料。

要说起甲骨文的发现，还有一段传奇的机遇。

相传，在清光绪年间，当时有个国子监祭酒名叫王懿荣的人偶然在一味叫龙骨 ❖ 甲骨文

的中药上发现了奇怪的刻字，他觉得这些刻字很奇怪，便翻看剩下的药渣，没想到上面居然都有这种类似文字的图案存在。王懿荣出于好奇，便将所有的龙骨都买了下来，拿回家研究。

在研究的过程中，王懿荣渐渐找到了规律，他发现每片龙骨上都有一些相似的图案，于是就将这些奇怪的图案画下来进行比对，经过了一番刻苦的研究，他确信自己发现的是一种殷商时期的文字，而且这种文字的体系比较完善。此后，人们又到龙骨的出土处去挖掘，果然在那里找到了大批龙骨。因为龙骨多是龟类和兽类的甲骨，所以人们就将它们命名为"甲骨文"。

我国的历史源远流长，像甲骨文这样保存了民族历史和文化的遗产多不胜数，它们有的也许已经被人们所发现，但还有很多仍然被埋没于历史长河中，等待有心人去发现。

❖ 甲骨文的发源地——殷墟

Part1 第一章

消亡的古城——楼兰

楼兰是西域的一个古国，它的名字最早见于《史记》之中，但其更远的历史至今不明。在距今 1600 年前，它消亡了。

楼兰在我国汉时也被称为鄯善国，它坐落在今新疆维吾尔自治区鄯善县的东南处，是一个历史悠久的文明古国。

在公元前 3 世纪左右，楼兰人建立了自己的国家，定都楼兰城。楼兰人属印欧人种，其语言为印欧语系。最初时，楼兰受到月氏的统治，直至公元前 177 年～公元前 176 年，月氏被匈奴所败，楼兰便又归为匈奴管辖。我国的《汉书·匈奴列传》中也有关于楼兰的记载："鄯善国，本名楼兰，王治扜泥城，去阳关千六百里，去长安六千一百里。户千五百七十，口四万四千一百。"

汉武帝之时，沟通西域，使者往来都需要经过楼兰地界。楼兰因归匈奴管辖，因此经常为匈奴充当耳目，并攻击西汉的使者。公元前 108 年，汉朝派军讨伐楼兰，将楼兰国王俘获，楼兰遂降汉。匈奴不愿放弃对楼兰的掌控，于是复又进攻楼兰，楼兰无奈，只得分遣质子，向汉朝和匈奴分别称臣。其后，匈奴将质子安

❖ 楼兰古城遗址

归拥立为楼兰王，楼兰国遂亲近匈奴，成了汉朝的一个心腹大患。楼兰王弟尉屠耆曾在汉朝做侍子，他将楼兰的情况报告给了汉朝。公元前77年，昭帝派遣傅介子至楼兰，将楼兰王安归刺死，后又拥立尉屠耆为王，将楼兰国名改为鄯善，都城迁至扞泥城，也就是今新疆若羌附近。至此之后，汉朝政府加强了对楼兰的掌控，经常遣士卒于楼兰故地进行屯田，并在自玉门关至楼兰沿途设置烽燧亭障。魏晋至前凉之时，楼兰城内还设置了西域长史的治所。

◆ 楼兰遗址

　　但400年以后，楼兰这座丝绸之路上的重镇却逐渐没落了，在历史的舞台上只留下了几处残破的古城遗迹。

　　公元400年，欲要西行取经的法显高僧正好途经此地，他将自己在楼兰的所见所闻都记录在了《佛国记》中，文中说此地："上无飞鸟，下无走兽，遍及望目，唯以死人枯骨为标识耳。"

　　楼兰古国的消失令人遗憾，但它为何会遭到遗弃呢？

　　很多学者认为，楼兰古国的衰亡是由社会人文因素造成的，因为楼兰古国存在的最后一段时间，正处于我国历史上政局最为混乱的东晋十六国时期，当时北方诸族大多自立为藩，战争不休，而楼兰的地理位置正处于兵家必争之地。作为一个军事要冲，它必

知识小链接

龟兹国是我国古代西域的一个国家，也被称为邱兹、丘慈、丘兹。唐代之时，龟兹是我国安西四镇之一。龟兹的石窟艺术比莫高窟更为久远，因此也被人们称为"第二个敦煌莫高窟"。龟兹人擅长音乐，龟兹乐舞正是发源于此。龟兹国以库车绿洲为中心，最昌盛之时，其辖境包括今新疆轮台、沙雅、库车、阿克苏、拜城和新和等六县市。

然遭遇了频繁的战事。战争掠夺了楼兰的资源，并破坏了楼兰的交通商贸，致使这个沙漠边缘的小国，丧失了存在下去的希望，于是，它只能消亡，被黄沙所掩埋。

也有专家判断，是由于罗布泊的迁移，而导致了楼兰水源的枯竭，植被的死亡，楼兰人失去了水源，留在原地就只能坐以待毙，于是他们无奈下弃城而走，造成了楼兰古城的消亡。

还有人说古楼兰的消亡，是因为楼兰人违背了自然规律，盲目地滥砍乱伐，致使水土大面积流失，风沙愈加猛烈，河流改道，气候反常，最终瘟疫流行，王国从此消亡。

根据《水经注》中的记载，在东汉以后，塔里木河中游的注滨河突然改道，致使楼兰国缺水严重。当时敦煌的索勒曾率1000官兵，并召集了鄯善、龟兹、焉耆三国的3000官兵来到楼兰，他们横断注滨河，引水进入楼兰，暂时缓解了楼兰的缺水困境。此后，为了疏通河道，保住水源，楼兰人也付出了最大的努力，但最终还是没有成功，他们只得放弃了楼兰古城。

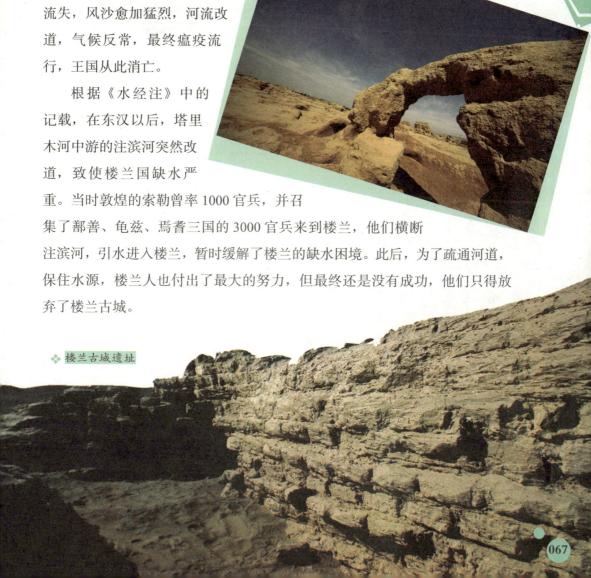

❖ 楼兰古城遗迹

❖ 楼兰古城遗址

　　对于古楼兰消亡的原因众说纷纭，但有一点是可以确定的，那就是摧毁了楼兰人最后希望的，是瘟疫。这是一种叫"热窝子病"的可怕的急性传染病，这种病传播的速度很快，经常是一病一村子，一死一家子。在这样巨大的，难以抵御的灾难面前，楼兰人只能选择逃亡。楼兰古国不复存在了，楼兰人不知归向何方，他们只能盲目地逆塔里木河而上，企图寻找到另一个有水有树的土地休养生息，但他们的不幸还没有结束，在逃亡的路上，一场前所未有的大风沙席卷而来，一时间天昏地暗，飞沙走石，毁天灭地，楼兰古城随之轰然而散……

　　至此，曾经辉煌一时的楼兰古城永远地从历史上消亡了。虽然逃出生天的楼兰人从没放弃过恢复楼兰古国的梦想，但到最后也没有成功过，直至楼兰人最终消失在了历史中。

　　楼兰古国的消亡并不是历史中的唯一，在漫长的历史长河中，有无数这样的国家兴起又消亡，但人类的文明依旧延续了下来。

Part1 第一章

西藏的原始文明——卡若文明

卡若文化是新石器时期西藏高原上的一种代表性文化。它的出现对于研究西藏地区的土著民族和土著文化都有着重要的意义。

1977 年，昌都水泥厂的工人在昌都县城东南方的卡若村施工时，发现了不少石器和陶片，看起来好像是古物，于是马上将这一情况上报给了地区文教局。自治区文物管理委员会在接到报告后十分重视，派了三位专业人员去当地实地勘测，经过检测发现，那里应该属于一处原始社会的遗址。从发掘遗址的年代来看，分为早期和晚期，早期遗迹距今约有 4955 年～4280 年，晚期遗址距今约有 3930 年。遗址早期部分和东部遭到了一定的损坏，但其主要部分基本都完好无损。因为遗址的发现地是卡若村，因此遗址便被称为卡若遗址。

卡若遗址距昌都县城约有 12 千米，海拔 3100 米。卡若水与澜沧江在此交汇，并在两河交界处堆积成了几级台地。卡若遗址就在澜沧江西岸的第二、三级台地上。在当地的藏语中，卡若也有"城堡"之意，相传在元朝之时，当地的藏族百姓为了抗御元廷将军多达曾在这

❖ 卡若遗址出土的物品

里修建城堡，由此可见这里在古代之时的地势十分险要。如今没有了战争，此地又恢复了美丽的风光，但因为气候高寒，并不适宜人类居住，所以仍然人烟稀少。但是，谁又能想到，距今5000年前，就已经有远古人类在此定居了。卡若遗址是我国迄今为止发现的经度最西、海拔最高的一处新石器时期遗迹，也是我国西藏自治区所发现的第一处原始社会村落遗址。因为卡若遗址对于研究我国西藏地区的土著民族和土著文化，乃至藏民族的起源都有

知识小链接

碉房是我国青藏高原地区常见的一种房屋建筑形式，因其外观很像碉堡，故而得名。据《后汉书》记载，这种建筑形式在公元111年以前就已经存在了。一般而言，碉房多为多层建筑，其顶层可以做经堂，供佛像，中层住人，底层为牲畜的圈。现在拉萨等地的三层或更高的碉房大多都是旧时西藏贵族所建。

着重要的参考价值，因此在1979年8月18日，卡若遗址被国家列为西藏自治区重点文物保护单位。

卡若遗址具有浓厚的地方特色，为了对其进行更加深入的了解和研究，2002年，考古专家对卡若遗址展开了第三次，也是规模最大的一次考古发掘活动，这次发掘的面积达到了2030平方米，其中出土的文物达到了7000多件。

从考古发掘中发现的众多石砌道口、石墙房屋、圆形石台和石造围圈来看，卡若遗址中建筑材料大部分为石块，考古学家还在遗址中发现了炉灶和"井栏式"的木结构建筑，这些建筑都极具地方特色。

❖ 正在挖掘卡若遗址

在卡若遗址中出土的器具具有新石器时期的典型特征，其中包括了打制石器、磨制石器和细石器，并以打制石器为主。以形制学角度来分析，细石器和打制石器均带有十分显

著的地方特色，磨制石器一般以半月形的石刀为代表，在其他遗迹中也曾有出现。

在遗迹中发现的小平底陶器大多是罐、盆、碗等夹砂陶制，这与在中原地域发现的新石器时期的圈足器、三足器不同，而与西南其他地域新石器时期发现的陶器特征相符。

由此可知，卡若遗址所代表的文化与我国其他已知的文化类型十分不同，因此可以称其为"卡若文化"。

在卡若遗址中人们不仅发现了房屋、炉

❖ 卡若遗址出土的物品

灶、道路、圆石台、圆形台面、石围圈、石墙和灰坑等建筑，而且还发现这些建筑遗址的结构密集交错，有的左右相连，有的上下重叠，构造十分复杂。这说明，当时的建筑工艺已经达到了一定的高度。尤其是那些穴居和半穴居式的建筑形式，对西藏地区原始的建造技术及此后建筑的发展都有着极其重大的影响。甚至有研究人员认为，藏族传统碉房正是由卡若先民的这些地面建筑演变而来的，在遗址中的某些建筑组合，比如石砌的围护结构和狭小的底层空间都带有明显的碉房特色。而为了最大限度地利用空间，还使用了重

❖ 卡若遗址

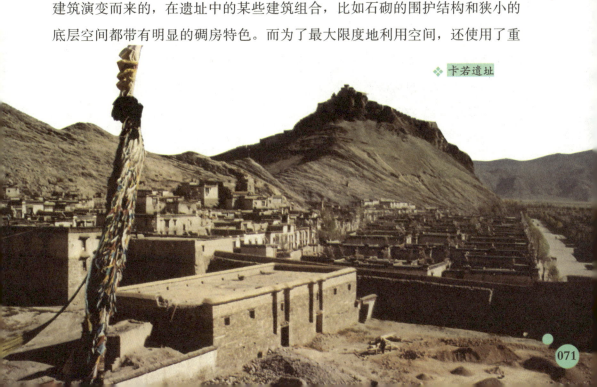

叠、杂乱、相连等结构造型，使得建筑更为密集，这些造型至今仍是西藏山区的建筑特点之一。

卡若遗址还显示出，当时的居民已经形成了初级村落。那里的房屋面积大多是十至二十几平方米，可以居住4人～5人，这可能表示当时的家庭还处于对偶制阶段，在其中还有一座接近70平方米的建筑，那里是氏族成员集会的场所，可见当时已经进入了氏族公社时期。在此期间，卡若先民们不但开始了原始的纺织，并且有了最初的装饰艺术，以及对美的追求；另外，卡若先民从不吃鱼。这些都与其他藏区氏族社会的特点相同。

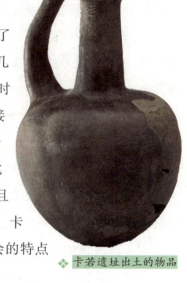

❖ 卡若遗址出土的物品

在考古发掘中，考古人员还找到了一些残存的孢粉、兽骨和栽培作物谷子。谷子还是第一次出现在西藏地区的栽培农作物中。卡若遗址中还出现了猪的骨骸，说明当时的先民已经开始养猪了，除了猪以外，还有旱獭、马鹿、猕猴、兔、家鼠、鹿、鬣羚、牛、青羊、雁和隼的骨骸。由此可知，在5000年前，卡若先民们不但已经开始了种植谷子的历史，而且已经开始饲养适应性广泛的家畜了。这表示，他们已经进入了农牧社会。

卡若遗址的发现，不仅对美国某些人类学家认为的直至新石器时代晚期西藏才有人居住的错误观点进行了驳斥，而且向人们展示了四五千年前昌都一带的灿烂原始文明和悠久的历史。

❖ 卡若遗址附近的卡若村

Part1 第一章

阿房宫究竟毁于何人之手?

"六王毕,四海一。蜀山兀,阿房出……楚人一炬,可怜焦土。"

阿房宫真的是被烧毁的吗?又真的是项羽烧毁了阿房宫吗?

关于阿房宫的建立,曾有一个美丽的传说。相传,秦始皇与一个民间的美丽女子阿房相爱了,但这段美丽的爱情却没有善始善终。失去的总是最美丽的,也最令人难忘,于是秦始皇为了纪念这位令他深爱的女子,便不惜耗费无数的人力物力建起了一座极度奢华的阿房宫,就算在秦始皇死后,秦二世胡亥还在继续修建阿房宫。

相传,阿房宫内有殿堂 700 余座,各殿的气候在一天之内都不尽相同。宫中美女数不胜数,珠玉宝石堆积如山。《史记·秦始皇本纪》中也说阿房

❖ 阿房宫门前的雕像

❖ 为阿房宫所画

宫大得惊人，光前殿的规模就令人惊叹，"前殿阿房东西五百步，南北五十丈，上可以坐万人，下可以建五丈旗"。唐代诗人杜牧在他的《阿房宫赋》中这样描写道："蜀山兀，阿房出，覆压三百余里，隔离天日。"由此可见阿房宫建筑之宏伟壮观。

时至今日，阿房宫的遗址还保存有 60 万平方米。可见其宫室之多、建筑面积之广，堪称世界建筑史上无与伦比之建筑杰作。

可惜，如今这座恢宏的宫殿早已不复存在，相传楚霸王项羽入关推翻秦朝暴政后，一把火烧了阿房宫，大火整整烧了三个月，将方圆百里焚为灰烬。

❖ 阿房宫

《史记》上也有记载："项羽引兵西屠咸阳，杀寝降王子婴；烧秦宫室，火三月不灭。"

然而，阿房宫真的被烧毁了吗？而烧毁它的真的是项羽吗？这段广为流传于后世的火烧阿房宫历史，直到2000年后才又有了新的转折。

2002年，由一群考古工作者组成的工作队，对阿房宫进行了考古发掘，他们试图从这座已经被历史尘封了2000多年的古代遗迹中，找到它曾经被大火焚烧过的痕迹。但是，考古发掘的结果却只证明了一件事——阿房宫并没有被火焚烧过！

阿房宫未遭火焚这一结论一出，便如石落湖面，马上引发了中国考古界的阵阵涟漪。

唐代的大诗人杜牧曾经明确指出阿房宫曾遭火焚，他的《阿房宫赋》更是现在人坚信这一论点的依据。不过也有人提出，杜牧只是一个文学家，他很可能为了达到以古讽今的目的而虚构出一个火烧阿房宫的事件。不过这个理由并不能证实考古队的观点就是正确的。

有人怀疑，是不是考古队把阿房宫遗址的地点弄错了？这似乎不太可能，因为根据史书记载，秦始皇当初为了给阿房宫选址，曾经请来很多术士，最后才在周朝两个都城之间选择了一个最为适合的地方作为阿房宫的建造之所，而考古队的发掘位置正是在此范围之内，并且这个地点也受到了人们的广泛认可。

那么，阿房宫为何没有火烧的痕迹呢？会不会是因为时间的流逝，而抹去了大火的痕迹？这个想法也站不住脚，只以汉代的长乐宫为例，长乐宫是汉武帝母亲的居所，也曾是长安城中最为华美的宫殿之一。

知识小链接

项籍，字羽，因而也被称为项羽，他是我国古代杰出的军事家和政治名人。秦末之时，项羽随项梁发动会稽起义，并在巨鹿之战中力破秦军主力。秦朝灭亡后，项羽自立为西楚霸王，定都彭城。楚汉之争中，项羽被韩信困于垓下，他突围不成，被逼在乌江自刎而亡，年仅31岁。项羽以武勇著称，是我国历史上最为勇猛的武将之一。

正是在这里，年幼的汉武帝和阿娇相遇了，也成就了一段"金屋藏娇"的千古佳话。东汉末年之时，长乐宫被火焚毁，至今火烧的痕迹还依然清晰可见。长乐宫与阿房宫的建筑年代相差不远，同是遭受焚毁，此后的情况也应该相差不多才对，那么结论就只剩下一个——阿房宫并没有遭到过火焚。

◆ 为阿房宫所作的阿房宫赋

阿房宫赋

那么，难道是千百年人们一直深信不疑的历史典籍《史记》错了吗？

《史记·项羽本纪》中曾说："（项羽）遂屠咸阳，烧其宫室……""烧秦宫室，火三月不灭"。从这里我们可以看出，《史记》中只说了项羽焚毁"宫室"，这个"宫室"应该是指秦都咸阳宫和其他秦朝宫室，而并不是指上林苑中的阿房宫。后人因此误会，却将这段记录中的"宫室"理解为了阿房宫。

2004 年初，考古界提出了基本一致的观点——阿房宫没有被烧过。那么项羽为何会在烧毁了咸阳宫后，独独放过阿房宫呢？这似乎说不过去。

针对这个疑问，考古人员又发现了四个疑点。

其一，目前被发掘的阿房宫前殿遗址，仅台基就有 54 万多平方米，如果以此来推断，阿房宫的建筑面积绝对是世界古代历史上规模最为宏大的宫殿建筑，如此规模的建筑在当时的条件下，是不可能完成的。而且，秦始皇晚期乃至秦二世，甚至到秦王子婴执政时期，他们的活动范围全都在咸阳宫或望夷宫中，从未出现在阿房宫。

其二，2003 年底，考古队在阿房宫遗址的北墙上发现了很多的汉代瓦片。这让人十分奇怪，汉代的瓦片为何会出现在秦代的建筑上呢？难道阿房宫早就存在，而这些瓦片是汉代修缮时所用吗？

其三，对于阿房宫的存在至今没出现过任何实物例证。如宫殿遭到焚毁，那至少会留下残存的瓦砾和痕迹，但阿房宫遗址什么也没有发现。况且，如果宫殿已经建成使用，即便被抢劫焚毁，也总能留下一些残破的日常用品，但这些全都没有，这就不能不使人心存疑惑了。

其四，《史记》里记载，秦二世即位之时，阿房宫尚未建成，尔后始皇崩，70 万劳力全被赶去修秦陵了，阿房宫也就不得不被迫停工。等到四月开始再建阿房宫时，没多久就爆发了陈胜吴广起义。在如此短的时间内阿房宫

是肯定无法建成的。

通过对这四个疑点的分析，考古学家推断出了一个惊人的结论——阿房宫根本就没有建成过！

如果真像考古学家推测的那样，阿房宫从没存在过，那么，那位曾在历史上享有盛名的一代霸王项羽可真是枉担了罪责！

Part1 第一章

传说中的**黄金之城**

无论是哪个时代，黄金都是财富的象征，有人用黄金做货币，有人用黄金做装饰，而传说中却有一座黄金之城，它名叫哈马丹。

哈马丹是伊朗人最初建立的国家——米底帝国的都城，相传那是一座用黄金建造的城市。

在希罗多德的书中就有关于哈马丹城的详细描写。书中说，哈马丹城的城墙厚重且高大，环环相套着拱卫都城，并且每向内一环的城墙，就要比外侧的城墙建得更高。因为哈马丹城是建立在平原之上的，所以这样的结构可以更加有效地防御外敌入侵。据向希罗多德述说情况的伊朗人所言，哈马丹共有七圈城墙，最外侧的一圈是长度与雅典城墙大致相等的白色城墙；第二圈变成了黑色城墙；第三圈的城墙是紫色的；第四圈则是蓝色的；第五圈城墙是橙色的；第六圈城墙比较特殊，它是用白银包裹的；第七圈城墙最为特殊，那是用黄金包裹的。而黄金城墙之内就是戴奥凯斯的王宫。

❖ 昔日的黄金之城遗迹

这样的城市难道真的存在吗？世界上真的会有如此奢侈的城市吗？那里的人竟然会疯狂地用昂贵的黄金来包裹城墙？很多人都发出了这样的疑问。

希罗多德关于哈马丹城

墙的描述，就仿佛在讲述着一个荒唐的神话，那两道用白银和黄金包裹的城墙，更像是海外奇谈，让人无法相信。

人们认为这种在文学作品中出现的、令人无法置信

❖ 黄金之城遗迹

的描述，必定存在着夸张的成分，因为在那个时代里，神秘的东方就好似西方人眼中的人间乐土，遍地是黄金，还有无穷的财富。希罗多德还曾经对希腊人说："谁要是占有苏撒的财富，就可以和宙斯斗富。"但那时的苏撒城在西亚世界，绝对不是最富有的城市。

在希罗多德的记述中谈到了哈马丹城的建立者——米底王国的国王戴奥凯斯。那么历史上是否真有戴奥凯斯其人存在呢？对于这点人们也一直抱着怀疑的态度。此后，在亚述出现的文献中，也确实发现了戴奥凯斯的名字，但仍有学术界的人认为亚述文献中所说的戴奥凯斯与哈马丹的建立者戴奥凯斯并非同一个人。不过，多数学者还是倾向于此二人为同一人的观点。

相传，戴奥凯斯出身于一个部落首领的家庭，他自幼就非常聪慧。长大后，为了取得僭主地位，他努力维护着部落中的公平与正义，最终被选做了仲裁者。戴奥凯斯公平正义的名声越传越远，以至于所有米底人都同意让他来做国王，并为他建立了一支禁卫军，还修筑了一

座宫殿。但戴奥凯斯并不满足，他又强迫米底人为他修建了一座城市作为自己的都城，那就是哈马丹，希腊人也管它叫作厄格巴丹。哈马丹的建立，标志着米底帝国的开端，戴奥凯斯也顺理成章地成为了帝国的建立者。以此来看，哈马丹的出现应该还要早于戴奥凯斯执政时期。

关于哈马丹城的记载，被留在了古代巴比伦人所写的楔形文字资料中，其后的《亚历山大远征记》中也记载了哈马丹城的情况，它与两河流域的城市一样，根本没有七道城墙，更没有那些金银包裹的城墙。在伊朗语中，哈马丹有"聚会之地"之意。它不仅是米底帝国的统治中心，也是古代伊朗的交通要冲，维持着东西方贸易的交流与繁荣，著名的丝绸之路途经此处。

虽然目前关于哈马丹城还没有任何文字的资料，但我们可以从亚述皇宫的浮雕中推断出米底王国普通城市的大致建造情况。那些普通城市都建有坚固的城墙和高高的塔楼。城外还建有护城河，用来抵御外敌的进攻。哈马丹

❖ 昔日的黄金之城

作为米底的统治中心，也是反抗亚述的起义中心，因此它的城墙肯定更加高大坚固。在希罗多德的描述中我们可以知道，城墙离哈马丹王宫非常近，就像其他国家的都城一样，哈马丹的城墙本身就是王宫防御体系的一个有力组成部分。

人们根据米底王国的初期情况还能判断出，哈马丹城内很可能是按部落或种族，分而居住的，在相邻的两个居民区之间，可能会有围墙相隔，这与古伊朗城市的居民区相似。而哈马丹的宫墙、外城墙，与这些围墙相加，可能总数刚好是七道，这也就成为了七圈围墙的传说。当然，也可能是古代哈马丹城的街区犹如蜘蛛网一般，一圈圈围绕着王宫形成了七个包围圈，才会有此一说。

米底帝国覆灭以后，哈马丹被古波斯帝国占据，成为了它的四大都城之一。古波斯帝王喜欢在夏季到哈马丹来避暑。尔后，哈马丹又成为了塞琉西王朝在东伊朗地区的统治中心。在安息时代，哈马丹曾经是安息的都城。

在伊朗的历史上，哈马丹经历了2700多年的繁荣时期，时至今日，它依然是伊朗的主要城市和农牧业生产中心。不过，古波斯帝国时期的哈马丹遗址到现在也还没有进行发掘，所以，我们只能猜测古代哈马丹城的情景了。

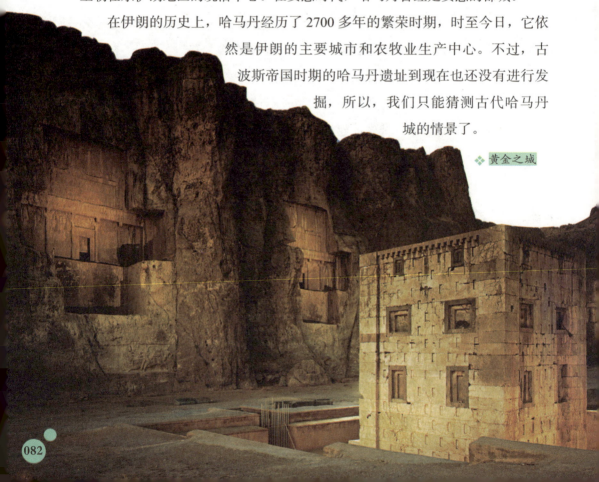

❖ 黄金之城

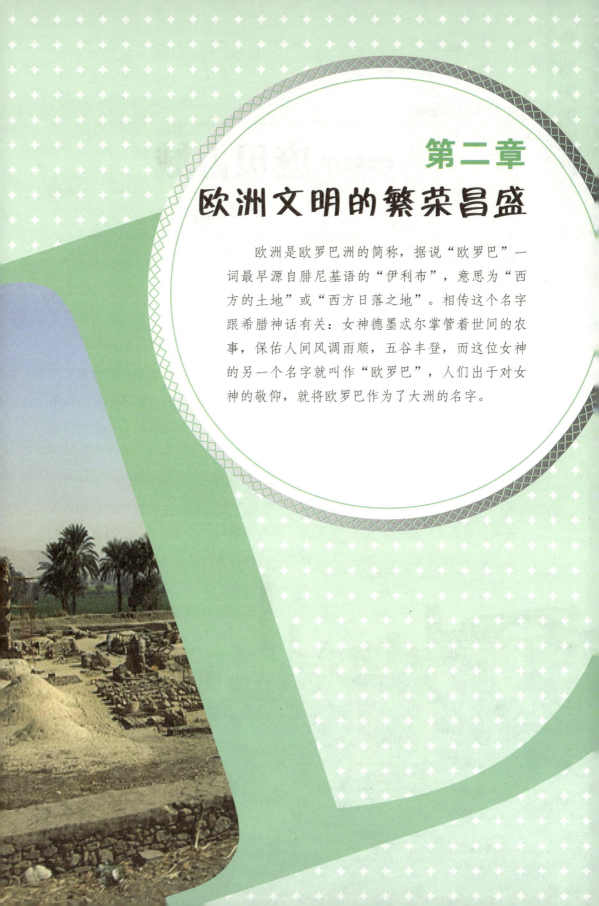

第二章
欧洲文明的繁荣昌盛

欧洲是欧罗巴洲的简称，据说"欧罗巴"一词最早源自腓尼基语的"伊利布"，意思为"西方的土地"或"西方日落之地"。相传这个名字跟希腊神话有关：女神德墨忒尔掌管着世间的农事，保佑人间风调雨顺，五谷丰登，而这位女神的另一个名字就叫作"欧罗巴"，人们出于对女神的敬仰，就将欧罗巴作为了大洲的名字。

Part2 第二章

失落的**庞贝古城**

庞贝古城坐落于维苏威火山脚下，城中人们生活幸福，他们的幸福生活来自于火山的恩赐，最后也在火山的喷发中毁于一旦。

远古之时，维苏威火山曾猛烈的喷发过，尔后便进入了休眠之中，只留下了一个直径 1000 多米的火山口。长期的沉寂，让人们逐渐忽视了维苏威火山的威胁，将它当作了一个死火山。生活在这里的人们依靠着山麓平原肥沃的土壤，幸福地生活着，并在公元前 6 世纪，在此建起了一座繁华的城镇——庞贝。

庞贝是一个普通的商业化城市，其外形犹如橄榄，占地面积有 1.8 平方千米，四周筑起了一道 4800 米的城墙，城墙共有 7 个城门和 14 座城塔。四条大街纵横交错，形成一个"井"字构图，并将城市分割成九块街区。每区又有众多小街巷，街巷的小路都是以石板铺就，两侧的人行道上则铺着光滑美丽的鹅

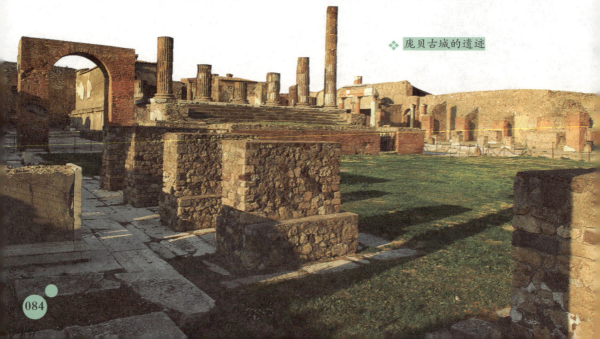

❖ 庞贝古城的遗迹

卵石。

城的东南角是一座能够容纳两万观众的椭圆形竞技场，这座竞技场于公元前 70 年建成，古罗马竞技场比它还要晚上几十年，竞技场中心是一个竞技台，观众席环绕四周。附近还有一座带有游泳池的桑尼特人体育场。古城西南方的"三角广场"是庞贝最繁华的政治、经济、宗教和娱乐中心。政府机构、朱庇特神庙、太阳神庙、命运女神庙、卡皮托利三神庙、家神庙等都坐落在此，而且这里还有一间可容纳 1200 名观众的室内剧院，附近商店和市场林立，还有许多流动商贩向来往的客人销售食品饮料。

在一些街道两旁，有很多纺织作坊、榨油坊、酒店、商店、客栈等，庞贝城内的面包作坊也非常多，商业气息浓厚。因为古罗马人并不禁止欲望，所以妓院的指示标志可以被大胆地刻画在街道的墙壁上，在妓院内还绘有很多情色味浓重的图画作为装饰，其中甚至还画有爱神。

庞贝城内巨商大贾和贵族的住所都十分富丽堂皇，并且一般都有好几进，其中最前的一进是开有矩形采光口的明厅，其对面是主人待客和祭祀家神的正厅；房屋的第二进是内院，其间回廊列柱、池水生姿、花木繁茂、雕塑精美，四周分布着一个个房间；最后一进是美丽的花园，雕塑和喷泉是花园中必不可少的景致，这层层的院落精雕细琢，无一不体现出庞贝城的昌盛繁华。庞贝人喜爱壁画和雕塑艺术，那些艺术品也培养了他们的气质修养，我们也能从中体味到他们对生活的理解。

庞贝城内有砖石砌成的渡槽，可以引城外山顶之上的泉水入城，将之导入水塔，尔后再将水分流到设在每个十字路口处

❖ 庞贝古城在火山喷发后的景象

的公共水槽。这些水槽高近一米，长约两米，可以供应城市居民用水，还能给贵族和富商家庭园内的水池、喷泉提供水源。

随着住宅区的发展，公共浴场随之兴盛起来。浴场内的各项活动是庞贝人日常生活中的重要内容。中央浴场、广场浴场和桑尼特人的斯坦比浴场是庞贝城内的三座公共浴场。浴场分为男、女浴室，圆拱形天花板的设计，可以让蒸汽形成的水滴沿着弧形的板面滑下，以避免其滴落在洗浴者身上。

知识小链接

维苏威火山位于意大利西南部那不勒斯湾东海岸，海拔1281 米。公元 79 年，维苏威火山猛烈地喷发出毁天灭地的熔岩，摧毁了坐落于山脚下的庞贝古城，海滨城市斯塔比亚和赫库兰尼姆等也遭到了严重的破坏。18 世纪中叶，考古学家从数米厚的火山灰中将庞贝古城发掘出来，庞贝古城成为了意大利著名的旅游景点。

热爱生活的庞贝人喜欢在闲暇时去竞技场、剧场、体育场和浴场这些可以使人放松身心，解除疲劳的地方活动，而年轻人则喜欢去一些僻静的所在谈情说爱。庞贝人珍爱生命，因为他们知道生命的短暂，所以要让每一天都在快乐中度过。可如此热爱生活的庞贝人却从没想过这样幸福的生活会毁灭得如此之快。

公元 62 年，维苏威火山逐渐不安分起来，地下激荡的熔岩频频引起地震，使庞贝城损失重大，尔后还有接连不断的小震发生，火山口经常冒起不祥的烟雾。

公元 79 年 8 月中旬，维苏威火山再次不安分起来，似乎有了喷发的迹象，但长时间的安定，让人们早已放下了对它的防备，这些司空见惯的景象一点儿也没能引起庞贝人的重视，他们依旧像往常那样工作、生活。24 日中午时分，一声如轰雷般的炸响回荡在天地间，维苏威火山顶爆裂开来，一股黑云冲天而起，向着东

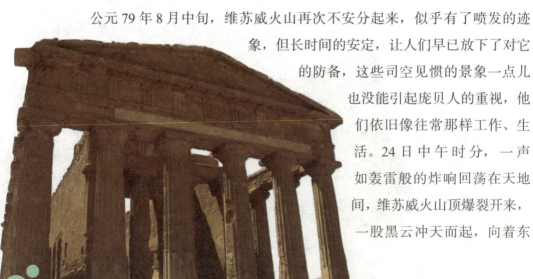

南方笼罩过来，喷薄而出的火山灰如黑色的雪花一般飘落下来，空气中到处都充满了硫黄呛鼻的气味，城中的道路上，大量的泥水喷涌而出，人们慌乱得在城中四散奔逃，就连牲畜和斗兽场的狮子也在企图寻找可以躲藏的地方。很多人向着海岸跑去，想要乘船离开这里。灾难发生得很快，当太阳再一次出现的时候，庞贝城已经消失不见了，方圆18千米范围内全被火山摧毁得面目全非。

❖ 维苏威火山喷发

　　1700年后，一个偶然的机会，人们发现了被埋葬在火山灰下的庞贝古城，但这次洗劫式的发掘让贪婪者看到了巨大的利益，于是它们从这里运走了一车车的铜像、石雕和大理石柱。100多年罪恶的发掘使一批批的古物遭到毁坏，四散流失，直到1860年，人们才正式对庞贝城开展了有组织、科学的大规模发掘活动。经过专业的发掘，庞贝古城终于得见天日。

　　曾经被火山灰掩埋，并被肆意践踏了100多年的庞贝古城，在受到重视后，却没有得到更加安全的呵护，无数的游客慕名而来，踏坏了再也经不起任何摧残的鹅卵石路面，自然的侵害也在日益腐蚀着这座"天然历史博物馆"。这些缓慢而持续的灾难，也许有一天会让这座好不容易残存下来的建筑群永远消失。人们如今已经听到了庞贝的呻吟，"拯救庞贝"的呼喊声越来越大，希望庞贝城能够在人们的关注下，拥有一个更加辉煌灿烂的未来。

Part2 第二章

德尔斐——世界的中心

自远古时期开始，希腊的德尔斐就被认为是世界的中心，它还被看作是古希腊统一的象征和宗教中心，号称"世界之脐"。

公元前 3 世纪时，德尔斐成为了古希腊的文化艺术中心，并逐渐成为各界人士的聚会之所和朝觐圣地。这里还保有古代遗存下来的剧场、礼物库、运动场和阿波罗神庙等建筑遗迹。

阿波罗神庙因为是古希腊极具影响的"德尔神谕斐"的发布地，因此成为了德尔斐城的中心，也是古希腊最重要的一个建筑。阿波罗神庙兴建于公元前 5 世纪，是一个长约 177 米，宽约 25 米的矩形建筑。根据希腊神话所载，大神宙斯的双鹰经常会从天涯两极飞来阿波罗神庙聚会，因此这里被称为"欧姆法洛斯"，为此，希腊人在这里立了一块大石，作为地球"肚脐"的标志耸立于神庙之前，这块石头也被当作了传说中的圣物而存在，更被作为了当地人最古老的崇拜物，这就是"德尔斐神谕"的起源。"德尔斐神谕"不但可以晓谕个人的吉凶祸福，还能参与决议城邦的重大事件，极大地影响着这一时期希腊的文化、宗教和政治。

在古希腊人的思想里，神明可以通过神谕向世人传达自己的意志。在"德尔斐神谕"中曾有一个非常著名的神谕，神谕的对象是大英雄俄狄浦斯，预言说

❖德尔斐阿波罗遗址

知识小链接

忒拜国王拉伊奥斯受到诅咒，诅咒称他将被自己的儿子杀死，为了不让这个诅咒发生，拉伊奥斯一直不敢接近王后，但是一个偶然的机会，王后约卡斯塔还是怀孕了，并最终生下了儿子俄狄浦斯。俄狄浦斯知道自己将会杀父娶母的悲惨命运，也企图改变自己的命运，但最终他还是在命运的安排下杀死了自己的父亲，并娶了自己的母亲。

他将会犯下弑父娶母的滔天罪行。俄狄浦斯恐惧于自己即将犯下的罪行，想尽一切办法想要逃离命运的魔爪，但他终究还是没能躲避过悲惨的结局，这就人所共知的古希腊悲剧之一——《俄狄浦斯王》。

如今的阿波罗神庙早已没有了往昔的光辉荣耀，仅剩下了神庙的地基和残破的圆柱。在神庙前后左右的21根维多利亚式圆柱全部是用石料精雕细琢而成的，四周还有院墙环绕。院墙内就是圣地，其面积约为16.7平方千米，院内矗立着众多座颂扬神谕的纪念碑。神庙和各个城邦所进献的礼物，包括不同质地的众多雕像，都被放置在礼物库中，其中最著名的"雅典礼物库"是一座用白色大理石修筑的维多利亚式柱子建筑，它建于公元前490年～公元前480年。在礼物库的墙壁上还刻着800多条雕刻和献词。另外还有一座"锡夫诺斯礼物库"，它大概是建于公元前525年，其北侧的檐饰上也雕刻着精美的浮雕。

在阿波罗神庙的北侧，有一座诞生于公元前475年的"战车御者青铜像"，它是早期古典雕塑的经典之作。在铜像身前有高约9米的爱奥尼亚式细长圆柱，它是公元前390年左右的建筑，圆柱周围还有圆殿的遗迹。离阿

◆ 德尔斐阿波罗神庙遗址

089

波罗神殿很近的橄榄林中，有一座始建于公元前4世纪并保存完好的露天剧场。剧场有35级看台，可同时容纳5000名观众进场观看节目。最令人惊奇的是，这座公元前4世纪建成的露天剧场，居然直到现在仍然还可以正常使用，希腊人现在还可以在这里表演古老的戏剧，诗歌表演，举办音乐以及戏剧竞赛。在剧场不远处，还有一处可容纳7000人的马蹄形运动场遗址，运动场的地面由红泥铺就，四周修建着条石垒成的环形看台。这座运动场是古希腊的四大运动场之一，在当时曾定期举办各类竞技、体育和音乐活动。知名度仅次于奥林匹亚运动会。如今在运动场的跑道上，人们还能看到当年所画的起跑线。

好景不长，随着基督教传播开来，逐渐顶替了神谕在人们心目中的地位，到公元390年，狄奥多西一世下令关闭神庙，废止神谕的一切活动，德尔斐的地位也随之迅速下降，最终化为一片废墟。

如今德尔斐还耸立在那个群山环抱的小镇上，但往昔的繁荣昌盛早已不复存在，只剩下四周高大的多里克式石柱，还依稀能从中看到一丝它曾经的风采。

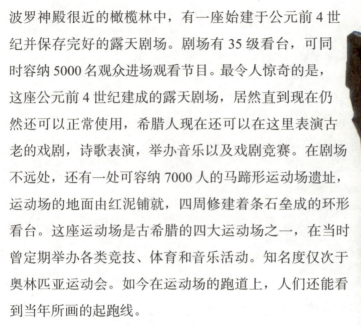

Part2 第二章

米诺斯文明的覆灭

米诺斯曾经发展出了令人赞叹的古代文明，可在公元前1500年左右，繁荣昌盛的米诺斯文明却突然消失得无影无踪了。

公元前3000年~公元前1450年，在迈锡尼之前的青铜时代，爱琴海地区曾经出现过一个繁荣的古代文明——米诺斯文明。这一文明的发展主要集中在克里特岛，它是希腊古典文明的前身，也是欧洲古代最早的文明。

米诺斯人从近东学会了种植温柏和石榴，他们还会种植野豌豆、鹰嘴豆、小麦、大麦、无花果、葡萄、橄榄以及罂粟，并驯养蜜蜂，饲养牛、猪、羊等牲畜。

宫殿建筑、陶器、印章、壁画和石雕是米诺斯文明重要的艺术遗存。从米诺斯发掘出来的物质文化和艺术品遗迹中，考古人员可以将米诺斯文明分为三个阶段，其每个阶段都有明显的特征。

❖ 米诺斯文明出土的石雕

米诺斯遗址的发掘也从另一方面证实了古希腊文明的高度发达。比如米诺斯的城市中都有排水系统，上流社会更是喜欢享用黏土制成的下水道设施，街上铺着石子路，那石子都是用铜锯切割而成，整齐又美观。传说米诺斯王还建造了一座千门百室的王宫，宫内的道路千折百转，条条相通，古希

消失的国度与文明

知识小链接

多利安人是古希腊人的部落之一，居住在克里特岛上，据说他们的祖先是赫楞之子多洛斯。约公元前 12 世纪—公元前 11 世纪，多利安人从巴尔干半岛北部迁徙到此，其中大部分人都生活在伯罗奔尼撒半岛、罗得岛、克里特岛和西西里岛东部。那些定居于伯罗奔尼撒半岛的多利安人还建立了科林斯、斯巴达、阿尔戈斯等城邦。

腊神话甚至称其为"迷宫"。通过对米诺斯文明的建筑、绘画、文字等的研究表明，在公元前 2000 年，米诺斯就已经出现了高度的青铜器文化，并进入了阶级社会。米诺斯人还善于海外贸易，很多考古学家和历史学家都相信米诺斯人在青铜时代的锡交易活动中充当了重要的角色。

但是，在公元前 1500 年左右，如此辉煌的米诺斯文明又为何在鼎盛之时突然间被抹去了踪影？是什么力量毁灭了它？

相信很多人都知道"火山"的存在，也听说过它的可怕。在火山之中，也存在死火山、休眠火山和活火山之分，死火山曾经喷发过，但喷发后便再未有过任何动静，是一些丧失了活动能力的火山。休眠火山也是指曾经喷发过，但长期处于相对静止状态的火山。唯有活火山最是危险，它还尚处于周期性喷发时期。我们介绍火山，正是因为米诺斯文明的消失和它有关系。

1967 年，美国考古学家来到了科诺索斯以北约 130 千米的地方，那里是一座名为桑托林的火山岛。在公元前 1500 年左右，由于地壳内部承受的压力过大，引起了火山的大爆发，那是一次人类历史上罕见的，极为猛烈的火山爆发。火山炽热的岩浆直冲云霄，火山灰也跟着喷涌而出，黑色暴风雪一般的灰烬四散飘飞，一直散落到了 700 千米以外的地方。火山灰将整个地中海东部地区都笼罩在一片黑暗之中，小岛上所有的城市就都被厚厚的火山灰埋葬了。喷发完后，火山逐渐崩塌陷落，最终形成了一个 60 千米的圆形火山口。而克里特岛也因为这次的火山爆发而遭到了毁灭性的打击，整个岛都被火山灰所湮灭。

❖ 米诺斯文明遗迹

根据当年的史料记载，火山爆发时，埃及上空连续三天都是一片漆黑。火山爆发还引起了恐怖的海啸，高达数米的浪涛滚滚而至，袭击了克里特岛，将岛上的村庄、城市和田地全部淹没，米诺斯无敌的舰队瞬间就被巨浪击打得粉碎，眨眼间化为碎片。曾经辉煌灿烂的米诺斯文明就这样被毁灭了。灾难过后，只有少数侥幸生还的人渡海逃到了希腊伯罗奔尼撒半岛东北部的迈锡尼地区，他们在迈锡尼传播米诺斯的艺术文化和先进的技术，并由此发展出了迈锡尼文明。直到公元前 12 世纪～公元前 11 世纪之时，多利安人摧毁了迈锡尼文明，使得这一曾经领先于欧洲的古文明被人们逐渐淡忘在了时光里。

Part2 第二章

送给神的礼物——帕特农神庙

古代的人们喜欢将一切荣光和胜利归于神的眷顾，于是雅典人在打赢了希波战争后，为女神雅典娜修建了帕特农神庙。

公元前 447 年，帕特农神庙终于建成了，这座神庙在雅典卫城中有着举足轻重的地位，它是雅典人花费了 10 年时间，为他们的守护神雅典娜建造的，因为他们相信，自己所有的胜利都来自于女神雅典娜的守护。

❖ 帕特农神庙遗址

帕特农神庙长约 69.5 米，宽 30.9 米，神庙主体的大部分都是使用纹理十分细密的乳白色彭特利克大理石构建而成。

神庙的正立面是门廊与圆柱廊。柱廊的 46 根独立式圆柱环绕着整座神庙。为了避免帕特农神庙中的多立克柱式结构出现刻板和重复弊端，杰出的建筑大师伊克提努斯在严谨的设计中融入了大胆的想象和即兴的发挥，使得整栋神庙建筑既严谨、稳固，又富于美感。也正因为此，帕特农神庙才成为了欧洲古典建筑的杰出典范。

❖ 帕特农神庙

帕特农神庙建筑的精彩之处还不止于此，更令人感到惊叹的是，整座神庙的修建，没有任何地方使用灰浆作为黏合剂，所有的建筑石料均被手工切割得十分精确，所以，当切割打磨好的石料被拼合在一起的时候，就能够形成一个光滑的表面，仿佛整个圆柱都是用一块完整的巨大的大理石制成。圆柱的柱身由下而上慢慢变细，逐渐形成凸肚状，看起来好像是在支撑重量时隆起的肌肉一般富有弹性。在制造好的圆柱表面，还有一些凹槽装饰，这样可以校正光学视差，使得凹槽在光与影的配合下变幻出优美的曲线。曲线使得人们的视线不断上升，轻易地就能被柱顶盘上的雕塑所吸引。如果人们仔细观察就会发现，在帕特农神庙中几乎看不到任何一条绝对笔直的线条，这种设计理念源自它的建筑师伊克提努斯，他在建造神庙时便有了一个念头，想将女神庙修建得更加优雅和美观，成为一座人间最完美的神明居所。

在不高的人字屋顶下有一个无窗的长方形内殿，里面存放着这座神庙的主神雅典娜的神像。高 12 米的神像是由雅典最著名的雕塑家菲迪亚斯制作的，雕像有木制的内胎、黄金的百褶衣饰和象牙的肌肤与脸盘儿，这座雕像原作已经荡然无存，而菲迪亚斯在制作了这座雕像后，因被人诬陷偷盗了制作雕像的黄金而入狱，最后死在狱中。后来

知识小链接

雅典娜女神是奥林匹斯的三位处女神之一，也是希腊神话中奥林匹斯的十二主神之一，她掌管着乌云和雷电，是和平劳动的庇护者、丰产女神、英雄的养母和骄傲的女战神。是她教导人们驯养牛马、建造车船，并发明了纺锤和织布机，同时，她也是科学的庇护者、智慧的化身女神，维护着人间的社会秩序和法律的公正。

◆ 雅典娜女神

的人们根据一些留存的雅典娜神像和历史上的有关记载，制作了一座大理石雕像。这座雕像现在保存在雅典博物馆中。

帕特农神庙中至今还遗存着许多精美的石雕，这些石雕大致可分为三类：独立式三角墙塑像、多立克柱式中楣的深浮雕和内殿中楣上的浅浮雕。希腊人喜欢将他们对古代神话的理解和认识体现在诗歌、话剧与哲学中，同样也喜欢将它们体现在雕塑里。就像帕特农神庙中的雕塑，大都是一幅幅展现希腊过去、现在与未来的想象画面。神庙中这些精美的雕塑作品，如今大部分都被搬离了故土，有的惨遭毁坏，有的则被带走或送到了博物馆。

在经过了一年又一年风霜雨雪的侵蚀后，帕特农神庙慢慢地受到了剥蚀，曾经坚实细密的大理石也逐渐斑驳氧化了。但人们实在很珍惜这座神庙，所以从 19 世纪~20 世纪初期，都在对神庙进行维护。为了防止神庙支撑不住而倒塌，人们还将铁条和铁钉等与水泥混合，灌入神庙的石墙和石柱中，对神庙进行加固。可人们的好意却并没有达到期望的效果，1933 年，当人们再次重修神庙时竟发现，以前为修补神庙而混入的铁钉和铁条都发生了锈蚀，就连水泥也变了色，这些东西极大地损害了神庙原本的大理石材料。

如今的帕特农神庙依旧矗立在阳光下熠熠生辉，它是古代建筑艺术最完美的丰碑，即使只剩下了一些残垣断壁，却依然让人心动。

Part2 第二章

罗马建筑的辉煌成就

罗马拥有辉煌的历史和灿烂的文明，古罗马人在七座美丽的山上建造了罗马城，那是一座有着"七丘城"之称的永恒之城。

古罗马帝国的辉煌曾经普照了文明世界的西部，他们所到之处，一座座竞技场、剧场和神庙被建造出来，不管是在欧洲各地，还是在北非和西亚，都能发现罗马的遗迹。混凝土和拱顶造型的建筑风格随着罗马帝国扩张的脚步而四处传播，即使在罗马帝国的东部，也一直保持着希腊化的传统，其建筑仍是按照罗马样式而造，适合罗马人的生活方式。

罗马人非常热爱享受，为自己的臣民提供公共娱乐活动是每一个古罗马帝国皇帝的职责之一。因此罗马城内到处遍布着剧院、浴场和运动场。人们在闲暇之时可以听公开演讲，参加或观看各种竞赛，还能在图书馆悠闲地阅读，或者去艺术馆中观看陈列在那里的雕塑和绘画。浴场是帝国内非常华丽的一个公共娱乐场所，其中有冷、热水游泳池，也有温水泳池，还设有更衣室、饭馆、酒吧、体操馆以及休闲散步场所，罗马公民们共享着这些娱乐设施。罗马人的日常生活和娱乐活动实在是丰富多彩，为现今的人们提供了绝佳的范例，因此，现在人们还喜欢将最丰富多

◆ 夜晚下的罗马角斗场

彩的节日称为"罗马的节日"。

罗马人除了爱好生活享受外，也是十分伟大的建筑师，他们为了使戏剧表演更加引人入胜，而在剧场内设置了背景，演员只须背朝背景面向观众即可表演精彩的节目，而观众席则因为背景关系，只有部分环绕着舞台。相对于剧场而言，罗马竞技场便简单得多，因为观看角斗士搏斗或者人与野兽、野兽与野兽之间的搏杀并不需要背景，所以罗马人便发明了适合这种表演模式的建筑形式，其实说起来也简

知识小链接

角斗士也被译为"剑斗士"。在古罗马时期，有专门从事这一行业的人，他们大多是经过专门训练的奴隶、战俘或者死囚，这些人往往手持短剑和盾牌，彼此厮打。有的角斗士还会与猛兽厮杀，这样的厮杀被称为"斗兽"。在罗马帝国之中，这样的娱乐活动十分受欢迎，几乎就是当时罗马帝国的第一娱乐活动。

单，人们只需要将两个剧场合并在一起，就可以形成一个椭圆形的大竞技场了。罗马城内的科洛西莫竞技场就是这样的一个建筑代表。

科洛西莫竞技场是用小块岩石、碎砖、火山尘埃以及石灰，用水调和而制成的混凝土建造出来的，其周长有 500 米，高度超过了 55 米，罗马人巧妙地利用一层层拱门搭建了与山坡造型相匹配的混凝土建

❖ 罗马角斗场

筑，并在其上设置观众席，这样的建筑模式，可以使人在任何平坦的地方轻易建造出一座竞技场。

科洛西莫竞技场内的装饰也不是随意设置的，而是经过了一番仔细的考虑。拱门之内有一座雕像，拱廊上也有希腊风格的装饰。在最顶层，附加了科林斯壁柱；在第二层附加了爱奥尼亚式半圆柱；在第三层附加了科林斯式的半圆柱；而在最底层则附加了多立克式的半圆柱，以此来支撑起附加边缘。

这些柱式建筑不是用来支撑其他结构的，它们的作用有两个：其一，柱式结构能在观感上起到收缩建筑物的效果，使建筑物能与人更加亲和，而不会让人在如此巨大的建筑面前感到气馁，是一种十分体贴的设计方法；而且柱式结构还起到了阻隔的效果，视线能够跳跃地观察建筑的某些局部，而不用与整体建筑产生视觉联系。这样的建筑方式可以使罗马人感到自身就是这座伟大的建筑的一部分，并进而与辉煌的罗马帝国融为了一体。其二，罗马人善于将希腊的建筑元素运用在自己的建筑上，以此表明自己对希腊艺术的尊重和欣赏，但那也不过是为了起到一种装饰效果。

在科洛西莫竞技场中央就是竞技或者斗兽的场地了，巨大的竞技场可以容纳 3000 对角斗士同时出场。四周有一道高墙将表演场地与观众席分隔开来，四周的观众席分为四层，逐级升高，一共有 45 000 个座位和 5000 个站位，共可容纳观众 5 万人，其中最高层是自由民的座位，元首、元老以

❖ 罗马建筑

及上层贵族的座位则在最下层。在围绕观众席的圆周线上设有八条拱廊作为出口使用，可以在几分钟内疏散整个竞技场内的数万观众。竞技场底层是公务使用的地下室，其中有角斗士们休息以及安放伤员和死者的房间和装置野兽的笼子。科洛西莫斗兽场的建筑模式一直延续到了今天，现在还有很多大学校园的足球场就是按照这种式样建造的。

在科洛西莫斗兽场的建成庆典日上，共有 5000 头公牛、狮子等猛兽被拉出来展示，庆典日之后的 100 天里，还有 9000 头牲畜被宰杀，而死在其中的角斗士更是多不胜数。

角斗士之间的角斗并不都是高水平的职业角斗，有的时候也会用不情愿的俘虏进行残酷的厮杀。这是一种残忍而野蛮的娱乐方式，曾经遭到一些正直之人的极力反对，甚至有一名基督徒以在竞技场内自杀的方式对此进行抗议。

随着罗马帝国的衰落，那些伟大的罗马建筑也逐渐崩塌，人们抢劫其中的雕像和装饰品，让一座座建筑成为了废墟，然而，即使如此，罗马建筑的遗迹仍然能给人以震撼。

就像人们常说的那样："罗马不是一日建成的。"它是一座历史悠久、辉煌伟大的都城，是人类祖先留给后代的骄傲。

Part2 第二章

冲冠一怒为红颜——荷马笔下的**特洛伊**

> 人们对特洛伊最深刻的印象，是荷马笔下那座为了美女海伦而引发了十年大战的城市，是爱情或者人类贪婪的欲望毁灭了它。

在《荷马史诗》《伊利亚特》之中，人们认识了这座城市，它存在于一个神话般的史诗中，使其本身也犹如神话一般，美女海伦的到来，为这座城市带来了毁灭性的灾难，同时也让它名扬天下。那是怎样的一个美女，拥有怎样倾国倾城的容颜，才能让人无法舍弃，甚至为了她不惜倾城一战？硝烟散尽，如今的特洛伊城早已消失于历史的尘埃之中，成为了一段神话，它是真的曾经存在过吗？又存在于哪里呢？无数人这样问过，直到一个人终于忍不住迈出了探寻的脚步。

亨利·谢里曼从很小的时候就知道了特洛伊的传说，他被哥哥口中讲述的这个存在于遥远时空中的城市迷住了，从此以后，这个城市的影子便深深地烙印在了他的脑海中，无法忘怀。

没人知道一个人从小的梦想会带给他多大的影响，也没人知道一个人能够为自己的梦想付出怎样的努力，亨利·谢里曼也不知道，他从不知道自己为何会为特洛伊而着迷，甚至魂牵梦萦地要寻找到它，但他确实在一直为此而努力着，他深信特洛伊的存在，发誓要找到

它。于是为着梦想，一个人的传奇诞生了。

❖ 正在修建特洛伊木马

14岁的亨利·谢里曼辍学当起了童工，19岁时，他登上了开往南美洲的轮船，在上面做勤杂工。之后，他凭借着自己的语言天赋，在阿姆斯特丹的一家商务公司中从一个职员做起，一直做到了公司经理。再之后亨利·谢里曼学会了做生意。1850年，他到了美国加利福尼亚，做起了买卖沙金的营生，为自己赚取了将近50万美金。

亨利·谢里曼赚钱的目的很单纯，他要实现自己儿时的梦想，寻找到特洛伊。当他感到自己已经有了足够支撑实现梦想的金钱后便放弃了经商，转而向着梦想进发了。

寻找特洛伊，并不是一件容易的事，人们甚至不知道这座城市是否真的存在，更没有人可以作为向导，于是亨利·谢里曼将《荷马史诗》当作了自己的向导，他相信《荷马史诗》中的记载不只是一个人编造的神话，而是真实存在的历史。他根据书中的线索，开始在土耳其寻找与特洛伊相似的地方，最后，他来到了土耳其西沙里克小山，他觉得，这里一定就是特洛伊城的所在。

谢里曼认为特洛伊城应该被埋在了西沙里克山的最底层，于是在 1870 年，他带着自己的妻子雇用了 120 名民工，开始了挖掘。他的挖掘方法简单粗暴，很容易对遗迹造成破坏，但是激动的心情却让谢里曼无法冷静，多少年来的心愿就要达成了，那种近乎于疯狂的心情无论如何也压抑不住。

就在这种野蛮疯狂的挖掘中，人们以极快的速度挖到了西沙里克山的底部，他们真的在那里发现了传说中的特洛伊城。

在公元前 3000 年～公元前 400 年间，特洛伊城一次次被毁坏，又一次次被重建，一层层的废墟互相堆积，将九个时期的特洛伊城一一展现在人们面前。最上面的两层特洛伊废墟，属于铁器时代早期文明；六到七层，属于青铜时代中期和晚期文明；一到五层之间是青铜时代早期文明。

❖ 特洛伊遗迹

九层特洛伊遗址还分别展现了特洛伊城不同时期的历史风貌。

最下面一层大约是在公元前 3000 年～公元前 2600 年修建的，那时的特洛伊还只是一座有石墙和城门的小小城堡；第二层大约是在公元前 2600 年～公元前 2300 年修建的，此时的城市规模已经有所扩大，修建了王宫和其他建筑；第三到五层，是在大约公元前 2300 年～公元前 1900 年修建的，城市的规模还在继续扩大；第六层废墟中，人们发现了一条长达 540 多米的坚固城墙，四周分别建有 4 座城门，此时特洛伊城的面貌可以说已经达到了一个质的飞跃；第七层是大约在公元前 1275 年～公元前 1100 年修建的，此时的特洛伊城已经与《荷马史诗》中记载的特洛伊十分相似了；第八层和第九层是在公元前 700 年—公元前 400 年修建的，当时正是希腊文化时期。直到公元 4 世纪，随着文化中心的转移，特洛伊被逐渐湮没在了时光里。

特洛伊虽然消亡了，但是关于它的传说却还在继续，人们仍在传诵着那个神话般的城市，那倾国倾城的容颜，那为了荣誉而展开的十年战争……

❖ 特洛伊的九层遗迹

来库古改革

斯巴达是古代希腊城邦之一，位于中拉哥尼亚平原的南部，欧罗塔斯河的西岸。

斯巴达城是个战略要塞，三面环山，扼守着泰格特斯山脉。斯巴达以其严酷纪律、独裁统治和军国主义而闻名。在伯罗奔尼撒战争中，斯巴达及其同盟者战胜雅典并称霸整个希腊。

说到斯巴达的军国主义，我们还必须了解它的政治制度和经济制度。而说起斯巴达的政治经济制度，就不可能绕过一个人——来库古。斯巴达的政治经济制度、法律准则，都是由他一手制定的。根据传说，来库古是斯巴达国王欧诺摩斯的次子。欧诺摩斯死去，王位就传给了他的长子——吕德克特斯，即来库古的哥哥。没过多久，来库古的哥哥也死去了。这样，王位就传给了来库古。

因为谗言来库古离开斯巴达，旅游于克里特岛，学习当地的法律；后又游历埃及各地，学习那里的法律，归国后大受斯巴达人欢迎，要他改良国政。

于是来库古进行了著名的来库古改革。

一、削弱国王的权力。他首先将国王的权力缩减到宗教祭祀和处理案件的范围，并且将他们所承担的责任平分，达到互相牵制的目的。到了后来，斯巴达逐渐形成战时一个国王留守国内主持政务，一个国王带兵出

❖ 斯巴达勇士

战的传统。

　　二、设立元老院。为了继续限制国王的权力，来库古设立了元老院。元老院是斯巴达的最高政治机关，基本职能就是刑事审判，还可以指挥政务、拟定法律，然后交给公民大会表决。而能够进入元老院需要满足两个条件：王族出身和年满 60 周岁。名额不多，只有 28 个，加上两位国王，总共由 30 人组成。国王虽然身份特别，但在元老院里没有任何特权，在投票的时候，和其他元老一样，只能投一票。这样，国王的权力就被元老院大大削弱了。

　　三、设立公民大会。来库古还设立了公民大会。公民大会由全体 30 岁以上的斯巴达男性公民组成。当时符合资格的大约只有 8000 人。公民大会最重要的工作，就是对元老院提交的议案进行表决。公民大会还有另外一项职能：选举元老。元老虽是终身任职，但有人死去，就需要选另一个人替代。所以，公民大会名义上是斯巴达的最高权力机关。

　　四、设立监察会。监察会由 5 人组成，成员和元老院一样由公民大会从王族中选举出来，不同的是，监察官每年都要重新选举一次。监察会的主要职责是监督司法公正，有处理一切民事诉讼的职权。监察会的设立，其目的同样是为了制约国王的权力。

　　五、重新分配土地。斯巴达在征服拉哥尼亚地区和美塞尼亚时，得到了很多肥沃的土地。这些土地最初全部落到贵族的手里，导致斯巴达国

❖ **斯巴达勇士**

内的贫富分化非常严重。来库古让贵族把土地都交了出来，然后把大部分土地平均分给了斯巴达公民，将剩余的分给了庇里阿西人。这样，土地不均的问题得到了很好的解决。

六、推行铁币。来库古把原来使用的金银货币全部取消，改为使用铁币。铁币在冶炼的时候，红热的铁是用醋浸过的，使得铁币变得非常软和易碎，也就是说，这些铁币都是废铁。废铁的价值非常低，从此，斯巴达人视金钱如粪土。铁币的推行，还有一个重大的影响，就是其他城邦都中断了和斯巴达人的贸易往来，使得斯巴达人进一步封闭在自己的世界中，按照自己的模式，特立独行地走下去。

七、建立公共食堂。来库古下发一份红头文件，规定所有的斯巴达人，上至国王，下至黎民百姓，都不能在家里吃饭，必须到公共食堂里一起用餐。从此，山珍海味供货商彻底退出斯巴达市场，酒楼饭馆也全部关门大吉。

改革完成以后，来库古把他的生命也献给了斯巴达。一代伟大的改革家，在他人生的巅峰时期绝食而死。传说来库古要去埃及的德尔斐向预言家请教，在走之前跟国民立下誓约，在他回来以前，不能改变他的法律。他到了德尔斐之后，预言家称赞他的法律很优秀，于是来库古绝食自尽，使得斯巴达人墨守来库古的法律，不敢轻易更改。

❖ 斯巴达 300 勇士

来库古传奇的一生到这里就画上了句号。他生前所做的一切，为斯巴达今后的强大奠定了基础。在他死后的几百年里，其所定下来的制度，基本没有被更改。

Part2 第二章

"死光"之谜

> 说起古希腊大科学家阿基米德，大家都不陌生，他一度被尊称为"历史上唯一的智者"。

他的那句名言"给我一个支点，我可以撬动地球"，至今仍被广泛传颂。这个虽然最终没能"撬动地球"的人类先贤，却早在 2000 年以前，就成功地用奇迹般的"镜子兵团"所放射的"死光"摧毁了入侵的罗马军团战船。

在公元前 213 年，当时的阿基米德已有 75 岁高龄，他从希腊回到了意大利西西里岛东南部的叙拉古王国，那是生他养他的故乡。阿基米德本来想在那里平静地度过晚年，可是，骄横的罗马人发动了第二次布尼克战争，罗马战船大举入侵叙拉古，战火烧到了阿基米德的家乡。大兵压境，叙拉古王国上上下下慌作一团。

不可一世的罗马军团，在其将领马库斯的统帅下，以 50 艘大小战船，载着众多训练有素、装备精良的将士，耀武扬威地驶向叙拉古王国的海岸。他们狂叫着："投降吧！快交出黄金和谷粒，交出姑娘！"马库斯站在战舰"马采尔"号上，雄视前方，直指即将惨遭涂炭的叙拉古王国。叙拉古国王

❖ 阿基米德桥模型

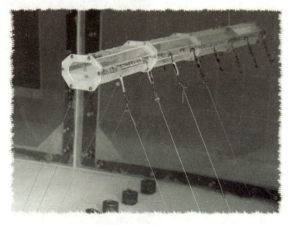

消失的国度与文明

自知战则必败，但又无计可施，一筹莫展。在这千钧一发之际，他想到了阿基米德，于是上门请求这位年迈的科学家赶快想出"高招"来保卫自己的家乡。曾创造出不少奇迹的阿基米德，此刻成了叙拉古国王的救命稻草。

识小链接

阿基米德（公元前287年—公元前212年），古希腊哲学家、数学家、物理学家。出生于西西里岛的叙拉古。阿基米德到过亚历山大里亚，据说他住在亚历山大里亚时期发明了阿基米德式螺旋抽水机。

家乡遭此大劫，阿基米德自然不能袖手旁观，得想出来一个退敌之策才行。此时正值清晨，太阳刚刚从东边升起，敌人的战船便是逆着朝阳从东边的海面上气焰嚣张地驶来。阿基米德抬起头来看了看太阳，眼角露出了一丝诡秘的微笑。他让所有的民兵迅速用反光镜组成了一个奇怪的"镜子兵团"，等到罗马人的战舰驶近海岸的时候，阿基米德下令把所有反光镜的光束都集中射到"马采尔"号的中间一点上。于是，奇迹出现了："马采尔"号坚固的甲板在反光镜形成的焦点上冒起了青烟，随即起火燃烧，海风把火焰吹旺了，不一会儿，熊熊的烈火把战舰烧得通红，穿着沉重铠甲的士兵纷纷落海，葬身于碧波万顷的地中海之中。看到这个场景，其他的战船马上掉头就跑，作鸟兽散。唯恐跑慢了，也死于阿基米德的"镜子兵团"之手。罗马人被阿基米德的"死光"吓破了胆，叙拉古王国得救了。

阿基米德用"死光"摧毁侵犯叙拉古王国的罗马舰队的传说流传已久。在希腊人看来，阿基米德不仅仅是一位了不起的数学天才，他还是一位用自己的聪明才智捍卫了祖国的伟大的民族英雄。遗憾的是，历史学家们一直认为阿基米德所创造的上述奇迹无史无据。他们通过考证得出结论说，在阿基米德时代，光学的成就还不足以让这位数学家利用巨镜系统聚集"死

110

亡之光"击毁罗马帝国的战船。考古学家们也为这桩历史公案煞费了心机。

❖ 阿基米基雕像

他们已争论了几个世纪，直到现在仍未能达成一致意见。

不过路易斯维尔大学罗伯特·坦普尔教授的最新研究成果为了结这桩公案提供了新的依据。坦普尔教授是哲学和历史方面的专家，他通过研究古代文明有关光学的典籍后得出结论：阿基米德运用"死亡之光"击毁敌船是完全有可能的。坦普尔甚至称阿基米德为"现代激光武器之父"。坦普尔指出，古代文明中关于光学运用的发达程度常常超出现代人的想象。

有迹象表明，那时的科学家可能已经能够制造出天文望远镜。有这样高的技术成就，运用巨镜系统集聚能量，制造"死亡之光"以摧毁敌船应该不是一件难事。在阿基米德之后，在科技高度发展的今天，人们对于光学武器的探索从来没有停止过。

阿基米德
"给我一个支点我就可以撬动地球"
——杠杆原理

Part2 第二章

以弗所的 阿耳忒弥斯 神庙

以弗所又被称作艾菲索斯，这座城市古老而神奇，它在岁月中变得沧桑，而就在这块土地上，曾经兴建起一座阿耳忒弥斯神庙。

以弗所曾经拥有着发达的经济、繁荣的文化和兴盛的宗教。古时的人们不论贫富贵贱，都对神灵充满了信仰和敬畏，那是人们共同的精神支柱。也正因为如此，人们渴望将自己内心对神灵的敬仰表达出来，想要对至高无上的神灵献上自己的诚心，所以修建大型的神殿就成了所有人心中追切的期望。于是，阿耳忒弥斯神庙就这样诞生了。

阿耳忒弥斯神庙其实是为了祭祀安那托利亚的一位古老女神而修建的，因为这位女神又被以弗所人当作了阿耳忒弥斯的化身，所以神庙便直接以阿耳忒弥斯的名字来命名了。

神庙建成后，便开始接待从各地前来朝拜的人们，神庙的名气越来越大，朝拜的人也与日俱增，以至于神庙的圣坛开始无法满足人们祭祀的需求了，祭祀场所的拥堵也造成了不少的纠纷，虔诚的参拜者之间因为争先恐后而不时发生的一些摩擦令以弗所人头疼不已，他们感到必须要再修建一座更

❖ 阿耳忒弥斯神庙遗址

大型的神庙才能解决当前的问题。修神庙的提议很快得到了吕底亚王国克罗伊斯国王的大力支持。克罗伊斯国王财大气粗，对宗教事业的热心更是远近闻名，因此，他很痛快地为修建神庙而慷慨解囊。拥有了雄厚的资金支持，神庙的建设更是受到了重视，希腊的艺术家和建筑师们摩拳擦掌地想要一展身手。

大约在公元前 550 年，以弗所人终于在神庙圣坛原来的位置上开始修建新的阿耳忒弥斯神庙了。希腊建筑大师伽尔瑟夫农为神庙做了整体设计，希腊著名的雕刻家坡留克来妥斯、克列休拉斯和菲迪亚斯也加入到神庙的修建工作中，许多神殿中的青铜雕像和阿耳忒弥斯神像都是出自他们的手中。

阿耳忒弥斯神庙在建成后的将近 200 年中，一动不动地矗立在以弗所东北郊的高山之上，敞开怀抱，迎接那些远道而来的朝拜者，它在当时地位显赫，甚至还一度拥有了对逃亡者的"庇护权"。阿耳忒弥斯神庙就是小亚细亚西海岸和爱琴海诸岛希腊移民们心目中的圣地。

但在公元前 356 年 7 月的一天，一场大火将这座华美的神庙烧成了灰烬。相传，犯下这个罪过的人名叫希罗斯特图斯，他本是个无业游民，却想通过一件轰轰烈烈的事来让自己千古留名，于是便放火烧了神庙。

神庙被毁了，但它对于人们却是不可或缺的存在，为了让心灵不至于失去依托，人们便又在神庙的废墟上重新建起了一座新的神庙。

原本阿耳忒弥斯神庙的规模就已十分宏伟了，而重建后

的神庙在高度上还要更胜一筹。新建成的神庙愈加富丽堂皇，其占地面积足有 6050 平方米，是当时世界上最大的一座大理石建筑。神庙内外都装饰以黄金、白银、铜和象牙雕刻而成的精美浮雕，在神殿中央位置设有祭坛，其中供奉着阿耳忒弥斯的女神像。神庙的中心屋顶是没有遮挡的，人们能在这里抬头仰望蓝天，让自己的心愿和灵魂能够上升到天堂，与神同在。神庙的正门入口处有 36 根布满浮雕装饰的柱子，柱子上还刻着 40 多道浅浅的凹槽。神庙四周也有不少柱子，柱子上环绕着有雕刻装饰的中楣，同时还有被装饰成狮头形状的喷水器。神庙屋顶的三角楣饰，精美异常，艺术价值很高。可以说，神庙内的所有建筑，无论是从工程水平，还是建筑设计来讲都非常难得，阿耳忒弥斯神庙堪称当时水准最高的建筑精品之一了。

　　重建的神庙并没有就此得到平静，它一直在连绵不断的战火中努力维持着自己的存在，直到公元 262 年，哥特人入侵，并抢劫了神庙内的财宝，神庙也被破坏得惨不忍睹。

　　19 世纪后半叶，在一次偶然的发掘中，阿耳忒弥斯神庙终于重现世间。考古学家们通过多年细致发掘，才终于确定，这里就是《圣经》中记载的那座著名城市——以弗所的

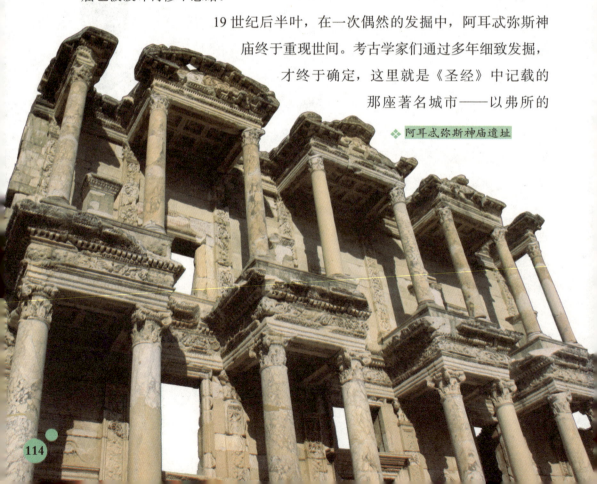

❖ 阿耳忒弥斯神庙遗址

遗址。

神庙遗址的发现也给人们带来了一个疑问。那就是，在当年的技术力量下，神庙中的巨石是怎样被抬起并被安放在指定位置的呢？

其实，早在公元前515年，希腊就已经在开展建筑工程时大量使用起重设备了，但阿耳忒弥斯神庙的建筑规模史无前例，其中所使用的石块体积和重量都大大超越了过去建造的所有建筑，因此那些起重设备根本无法应用在神庙的建造过程中，这对神庙的建筑者而言，无异于一个巨大的挑战。他必须要想出办法来解决这一问题，既不能延误工期，也不能降低质量。于是聪明的伽尔瑟夫农绞尽脑汁想到了一个主意，他运用了埃及人建造金字塔的方法，先用沙袋垒起一道斜坡，使其位置略高于将要安放石块的位置，然后将巨石拉上斜坡，当巨石

◆ 阿耳忒弥斯雕像

被送达到适合的位置时，再将底层的沙袋掏空，石块便会随之下降，直到达到准确的安放位置为止。另一个技术难题是，修建神庙所用的石材需要从11千米外的采石场运送过来，可石材大概重40吨，光靠人力和马车是无法运送的。于是伽尔瑟夫农便将开采出来的石柱先固定在一个带着轮子的圆形木架上，然后用人力或畜力牵引，将巨石搬运到建筑工地的指定地点。

阿耳忒弥斯神庙经历了一次次的破坏，又经历了一次次的重生，以弗所人以他们虔诚的心，维护着自己心中的那一片净土，虽然如今神庙已经不复存在，但人们心中的净土却是任何人也无法夺走的。

Part2 第二章

世界七大奇迹之——太阳神巨像

以青铜铸造的太阳神巨像，就位于罗德港口的入口处，它从建成到被毁坏，只存在了 56 年，却被列入世界七大奇迹之一。

公元前 282 年，在罗得斯岛上，一座巨大的青铜像建成了，它是希腊神话中太阳神赫利俄斯的铸像。

罗得斯岛位于爱琴海和地中海的交界处，它在当时是一个繁华的商务中心，拥有罗德港，船只往来频繁。罗得斯岛的繁荣，引起了很多势力的争夺，它曾经被摩索拉斯和亚历山大大帝统治过。此后，亚历山大大帝去世，罗得斯岛失去了强有力的庇护，于是便再一次陷入到了无休止的战争中。

马其顿侵略者德米特里率领 4 万大军围攻了罗德港，他的军队数量甚至已经超过了罗得斯岛的总人口，但罗得斯岛人并未在强大的敌人面前退缩，他们奋起抵抗，分毫不让，在经过了一番艰苦卓绝的战斗之后，罗得斯岛人最终击败了马其顿侵略者。得之不易的胜利让罗得斯岛人激动万分，为了表示庆祝，他们便想用敌人残留下来的青铜兵器铸造一座雕像。铸造雕像一共用了整整 12 年的时间，最终铸成了一座高约 33 米，内部中空，与纽约的自由女神像差不多高度的大理石雕像，尔后再以青铜包裹其外，铜像内还用石头和铁作为支柱加固。这座铜像曾被用作灯塔。相传，青铜雕像是两腿分开站立在罗德港口上的，过往的船只都要从它两腿间穿过，十分有趣。

知识小链接

太阳神赫利俄斯也被罗马人称为索尔。赫利俄斯是希腊神话中泰坦神海拔里恩和提亚的儿子，也是月亮女神塞勒涅与曙光女神厄俄斯的兄弟。在希腊神话中，太阳神每天都要驾驭着自己的四匹火马，拉着太阳车在天空中飞奔而过，他从东跑到西，就是人间的日出日落，光明随着他的出现而洒遍大地。不过也有人将他与阿波罗混为一谈。

公元前 227 年～公元前 226 年，罗得斯岛遭遇了地震的袭击，连续发生的多次毁灭性大地震，使岛上的建筑设施遭到了严重破坏。太阳神像的膝盖处本就不牢固，于是便在地震中断裂了，残破的巨像倒塌在地，只剩下底座和两条小腿还留在原地。

巨像从此倒在港口岸边，古罗马著名的自然学家普林尼曾在《自然史》一书中对巨像发出过这样的赞叹："即使躺在地上，它也仍是个奇迹。"埃及法老托勒密三世对巨像很感兴趣，曾经向罗得斯岛人表示，他愿意伸出援手，提供一笔款项对太阳神巨像进行修复，但这个提议被罗德人谢绝了。

春去秋来，太阳神像巨大的身躯就那样横躺在地，任凭风霜雨雪的腐蚀。大约在公元 653 年，阿拉伯人攻入了罗得斯岛，他们惊讶地发现了躺在地上的太阳神巨像残骸，于是便花费了大力气才将神像残骸运回了叙利亚。此后，一位商人看上了巨像残骸，于是用 880 头骆驼将残骸运走了。从那以后，太阳神巨像的残骸就不知所终了。不过也有人说，太阳神巨像并没有被运回叙利亚，而是在倒塌后不久便被人盗走了，盗贼将巨像运上了船，可贼船却在海上

◆ 太阳神赫利俄斯

遇风暴，于是贼船与铜像一起沉入了深深的海底。

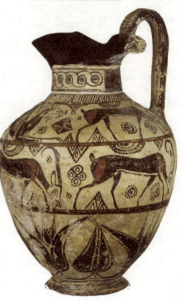

❖ 印有太阳神的瓷器

太阳神铜像到底身归何处了呢？这恐怕将会是个永远的谜了。

虽然如今罗得斯岛的太阳神巨像早已消失无踪，但关于它的传说和争论却一直在继续。人们喜欢根据史书中那寥寥几笔的简略记载来猜测它的规模，从而幻想出一个又一个的"太阳神巨像"。11世纪的时候，人们就曾推测过罗得斯岛神像的外貌：太阳神巨像右手举着投枪，左手按长剑，柱脚处是一根高高的圆柱，四周海浪环绕。但也有人认为，太阳神的形象应该是戴着闪亮的光环，手中驾驭着马车，车上载着太阳。并且传说中的巨像，胯下应该还可以进出轮船呢。虽然说法众多，但是谁也没有确凿的证据，所以争论只能继续下去。

罗得斯岛巨像从建立到毁坏只经过了区区56年的时间。但是这座巨像却在举世闻名的世界七大奇观中占据了一席之位。太阳神巨像不仅仅是一座巨大的青铜雕像，它也是罗得斯岛居民团结一致，抵抗侵略的象征。

❖ 被太阳神赫利俄斯守护的罗得斯岛

Part2 第二章

断臂的**维纳斯**

> 古希腊时期，有很多展现人体美的雕塑作品，其中又以米洛斯的维纳斯最为世人熟知，它已经成为了女性人体美的一个代名词。

维纳斯雕像的比例耐人寻味，其各部分比例几乎是完美的 1：3：5，这正是利西普斯追求的人体黄金分割比例。

从维纳斯雕像被人发现的那天起，她就是世界公认的希腊最美的一尊女性雕像。无数年来，人们从不吝啬对她的歌颂和赞美。赞美她端庄的仪态，丰腴的肌肤，美丽圆润的脸庞，平坦的前额，高挺的鼻梁，丰满的下巴和那娴静的面容。女神像的雕刻者没有只顾着追求小节处的细腻精致，而是采用了十分简洁的雕刻方法，重点突出了人体的青春、动感的美丽和眉宇间蕴含的品德。女神微转着身体，半裸的躯体在扭动中构成了一个极富韵律的动态造型，她的腿上覆盖着衣襟，露出羞怯的脚趾，稳定而厚重，使她的上半身显得更加秀美。女神像浑身上下都流露着女性特有的柔美与妩媚，使所有看到她的人都能感到其内心的平静，没有羞怯，没有

不安，只有那纯净的典雅。女神略微上翘的嘴角露出一抹淡淡的微笑，含而不露，矜持中带着智慧的圣洁光芒。最令人惊叹的是她断去的双臂，那样无法忽视的残缺，却仍能带给人浑然天成的美感，以至于后世无数的雕刻家们在对其双臂进行各种样式的复原后，都感到画蛇添足般的别扭。也许正是因为这一份残缺，才更能诱使人体悟到其中美丽的所在吧！无论人们从哪一种角度去欣赏女神像，都能发现美的存在，这已不再是单纯的"感官美"，而是一种"理想美"的境界，仿佛在其面前，一切人体艺术都失去了光彩，变得黯然失色。

女神雕像是如此的美丽动人，每一个看到她美好的人都想将她据为己有，可她最后属于了法国，这其中还有一段曲折的故事。

那是 1820 年的 2 月，一个生活在米洛斯岛上的农夫，在一座古墓旁整理土地的时候，无意中挖掘到了一尊女性雕像。这尊雕像被分成了两截，合着其他一些碎片散落在附近的土地里。农夫意识到这些东西大概很值钱，便赶紧将其埋回土里，并立刻把此事报告给了岛上的法国领事，这事引起了一位名叫鸠尔·丢孟·都尔维尔的法国海军士官的注意，因为他爱好希腊艺术，所以在看过雕塑的碎片后马上认定这是一件维纳斯雕像，那些碎片很可能组成一个整体，于是他告诉农夫，法国一定会买下雕像，请他不要再将这件事告知其他人，随即他又赶到君士坦丁堡，将此事面陈大使，并促使大使下定决心派专人前去与农夫交易。

可风云变幻，世事难料，岛上的长老出面干涉，要求农夫为本岛的利益考虑，将雕像卖给一位希腊官员。农夫与希腊官员的交易达成后法国人才赶到岛上，那时雕像已经装上了船。法国人大发雷霆，甚至命令军舰随时待命，准备武力解决此事。一时间，爱琴海上空气氛十分紧张。不过战争终究没有打起来，一场突如其来的暴风延误了土耳其船只的起航，法国人趁此机会，用尽一切方法，终于将雕像弄到了自己手里。尔后他们赠送给了米洛斯岛一笔金钱，从而换取了该岛转让雕像所有权的契约书。

◆ 断臂的维纳斯

1821 年 3 月 2 日，维纳斯雕像被送给了法国国王路易十八，当时它登记名称是"在希腊群岛中的米洛斯发现的维纳斯像"。从此以后，《维纳斯》雕像便成了法国的财富，它被陈列在罗浮宫为其专门开设的展室中，与《胜利女神》《蒙娜丽莎的微笑》并称为罗浮宫的镇馆之宝。

维纳斯雕像在发现时便已经碎裂，人们将它的碎片精心地黏合在一起，才成为了现在的样子，但她的手臂却始终没有找到。因此，维纳斯雕像也被人们称为"断臂维纳斯"。很多艺术家和历史学家都想修复维纳斯残缺的双臂，将这尊美丽无双的雕塑还原，但始终无法做到。

那么这尊美丽的女神雕像为何会失去双臂呢？关于她残缺的双臂，人们议论纷纷。

有一种流传的说法是：在维纳斯雕像完工后，它的创作者曾经请来了很多名人对其进行品评。所有人都说雕塑很美，尤其是她的左臂。于是创作者毫不犹豫地敲断了雕塑的左臂。他说："我不能让局部的美，破坏了雕塑的整体美，如果那样，我宁愿让她残缺！"

121

还有一种说法是：维纳斯雕像在出土时是右臂垂下，手抚衣襟，左臂伸过头顶，手中握着一只苹果的造型。当时法国驻米洛斯的领事路易斯·布勒斯特已经决定要高价买下这尊塑像，但由于现金不足，便派人连夜赶往君士坦丁堡将事情告知了法国大使。大使立即派秘书携带巨款前去购买女神像。可没想到农民又将女神像卖给了一个希腊人。最后女神像的归属甚至涉及到了武力争夺。维纳斯雕像在那场混战中不幸被损坏。从此，维纳斯神像便成为了断臂女神像。

当然，这两种说法都缺乏确凿的证据，也只能作为猜测而已。

如今，维纳斯雕像保存在法国的罗浮宫内，被尊为罗浮宫镇馆之宝。能够得到这尊雕像，让法国人民兴奋不已，并将之视为国宝，倍加珍惜。维纳斯雕像的美，令世人赞叹和景仰，能够看到这尊古希腊最伟大的艺术真品确实是一件人生幸事。

Part2 第二章

凯尔特人之谜

凯尔特人为公元前 2000 年活动在中欧的一些有着共同的文化和语言特质的有亲缘关系的民族的统称。

凯尔特人主要分布在当时的高卢、北意大利、西班牙、不列颠与爱尔兰，与日耳曼人并称为蛮族。现代意义上的凯尔特人，或称其后裔，仍坚持使用他们自己的语言，并以自己的凯尔特人血统而自豪。

现在，这个古老的族群集中居住在被他们的祖先称为"不列颠尼亚"的群岛，他们就是爱尔兰、苏格兰、威尔士，以及法国的布列塔尼半岛。

凯尔特是欧洲古代文明之一，是与古希腊罗马文明圈相对应和并存的。在罗马帝国时代，北方的日耳曼人和凯尔特人被并称为蛮族，他们之间频繁的冲突与碰撞。可以说，现代欧洲的各民族在很大程度上源自于他们，当然还包括斯拉夫人和维京人。

法国东部塞纳河、罗亚尔河上游、德国西南部莱茵河、多瑙河上游地区是凯尔特人的发源地。约公元前 10 世纪初，他们首次在这些地区出现。随后的几世纪中，凯尔特人以武装的部落联盟为单位，向周围地区扩散、迁徙，进行军事移民。他们是欧洲最早学会制造和使用铁器和金制装饰品的民族，

❖ "不列颠尼亚"的群岛

消失的国度与文明

知识小链接

凯尔特人为公元前2000年活动在中欧的一些有着共同的文化和语言特质的有亲缘关系的民族的统称。主要分布在当时的高卢、北意大利（山南高卢）、西班牙、不列颠与爱尔兰，与日耳曼人并称为蛮族。

他们凭借铁制武器战胜了尚处于青铜时代的部落，公元前7世纪已在法国东部、中部各地定居。从公元前5世纪起，他们开始向全欧洲渗透和扩张。

大约从公元前500年开始，凯尔特人从欧洲大陆进犯并占领了不列颠诸岛，一部分凯尔特人在今天的爱尔兰和苏格兰定居下来，其余的一部分占领了今天的英格兰南部和东部。凯尔特人讲凯尔特语。今天居住在苏格兰北部和西部山地的盖尔人仍使用这种语言。在英语形成之前凯尔特语是在不列颠岛上所能发现的唯一具有史料依据的最早的语言。

差不多在与进犯不列颠岛的同时，一部分凯尔特人越过莱茵河进入法国东北部，在塞纳河以北，阿登山区以西和以南的地区定居。公元前500年以后，法国已成为凯尔特人主要的居住地区。古罗马人把居住在今天法国、比利时、瑞士、荷兰、德国南部和意大利北部的凯尔特人统称为高卢人，把高卢人居住的地区称为高卢。之后他们曾经一度广泛分布在欧洲大陆上，先后征服了今天的法国、西班牙、葡萄牙、意大利等地区。

公元前387年和279年，凯尔特人分别入侵和洗劫了罗马和希腊，一些部落甚至曾深入到今天土耳其的安纳托利亚地区。鼎盛时期的凯尔特人占据着从葡萄牙到黑海之间的大片土地，几乎可与后来的罗马帝国媲美。然而，他们最终没能形成一个统一的国家。随着罗马文明的兴起，凯尔特文化开始走下坡路。面对通过严格的纪律和先进的战术组织起来的罗马军队，身材高大、作战勇敢的凯尔特人渐渐处于下风。

直到罗马帝国崛起的时候他们还是一股不可低估的军事力量。在公元前385年，凯尔特人洗劫了罗马城，这段惨痛历史一直被罗马人铭记，公元前59年～公元前49年尤利乌斯·凯撒大败高卢的凯尔特人才得以一雪前耻。凯尔特文化的中心高卢在此后成为罗马帝国的行省，据称凯撒对高卢的征服，致使100万凯尔特人被斩杀，100万沦为奴隶。

古凯尔特人没有首都，他们是以部族的形式长期存在的，他们在欧洲的

❖ 凯尔特人的古老符号

扩张可以理解为"举族迁徙"。进入中世纪之后，一些凯尔特人部落逐渐融合在一起，组成了现代意义上的国家。其中，爱尔兰的凯尔特人（即爱尔兰人）从维京人手中夺取了都柏林，并把它作为自己

的首都，而爱丁堡则被苏格兰的凯尔特人选为自己的首都。

而这种部落形式的长期存在，也成为了凯尔特人好战的原因。

古典作家的笔下，凯尔特人往往被描述为身材魁伟、长颅白肌、金发碧眼的壮汉，俨然一副欧罗巴人种诺迪克类型的典型形象。这样的体貌特征与同属南欧地中海类型，身材相对矮小、肤色略暗、发色眼色较深的大部分希腊罗马人，极易形成鲜明的对照，因而引起他们的惊讶和关注是很自然的。凯撒就曾提到，古罗马人远征高卢时，以其身材之相对矮小而颇受高卢人（凯尔特人）的轻视。

❖ 爱尔兰岛

古代作家对凯尔特人的性情气质曾有不少生动的文字描述。西西里的狄奥多罗斯提到凯尔特人沉溺于饮酒，到了"不加掺对地饮用"的地步。斯特拉博形容他们"整个种族都狂热地喜好战争，勇武自信，敏于作战。当他们受到煽动时，会相当直率而不加深思熟虑地召集人马去战斗，以至于很容易受到那些图谋哄骗他们的人的操纵"。波里比阿曾这样描述战斗中的凯尔特战士，他们"怀着满腔怒火，徒然

❖ 凯尔特人坟墓

而狂乱地冲向敌人，直至牺牲他们的生命。"凯尔特人在战况不利于己方时所表现的战斗激情，同样给保萨尼阿斯留下了深刻的印象。他们在对手投射过来的密集标枪箭矢之下，不是设法保护自己，而是"像狂暴而冲动的野兽一般扑向敌人，完全没有一丝理性；斧剑之下，他们被纷纷砍倒，但只要身体内还有一口气，这股盲目的狂热劲就未失去。甚至在被箭矛刺穿身体时，他们也还靠着支撑其生命的顽强精神而坚持下去。其中一些人甚至从他们的伤口拔出击中他们的长矛，掷向敌人或用它来刺敌人。"斯特拉博还谈及好战的凯尔特人仍保有某些类似猎头民族的蛮悍风习，"战斗之后，他们把杀死的敌人的头颅挂在马脖子上，像战利品一样带回来钉在家门口……他们把显赫人物的首级保存在香柏油里，并且骄傲地向外人炫耀，即使有人付重金，也不肯出售。"关于凯尔特人的脾性，斯特拉博指出，"除去坦率和天性狂热之外，还极其轻浮，大言不惭"，"胜利时傲气凌人，而失败时又垂头丧气"。凯撒在《高卢战记》中对此也有不少类似的评述，抱怨凯尔特人"性情浮躁，轻于寻衅惹祸"，"气质也很脆弱，完全经受不起挫折"，脾气"反复无常"，行事"轻率"，但又禁不住称赞他们"原是一个极机灵的民族，最善于模仿和制作别人传去的任何事物"。

应该说，这些出自古代作家的记述，确实在一定程度上从不同的侧面勾勒出了凯尔特人这个古代族群鲜明的个性特征，栩栩如生，跃然于纸上。

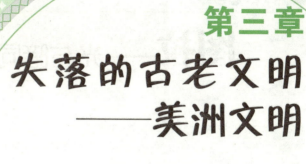

第三章
失落的古老文明
——美洲文明

美洲的文明古老而璀璨，其代表有南美洲的印加文明、拉丁美洲的玛雅文明以及阿兹特克人发展出来的阿兹特克文明。另外，在美洲文明历史上还占有一席之地的有瓦哈卡文明、奥尔梅克文明、托尔特克文明和特奥蒂瓦坎文明等。

美洲文明源远流长，那些被时光掩埋的古迹，那些被荒草覆盖的殿宇，至今依旧还在诉说着这些已经失落的文明。

Part3 第三章

图拉——光与暗同在的国度

图拉是墨西哥古代托尔特克文明第一时期的国家首都。托尔特克人用自己的理念统治这个地方，那是一个光与暗同在的国度。

公元 8 世纪~13 世纪，随着托尔特克人领地的不断扩大，托尔特克文明影响着墨西哥南部越来越多的地区，并将这种影响逐渐扩展到了整个中美洲。公元 900 年~1200 年间，托尔特克人的国都图拉城进入了一个发展的鼎盛时期。

公元 900 年前后，托尔特克人在图拉城内修建了一座只有四级的低平的启明星金字塔。在金字塔顶部有两排雕刻成男子形象的人形石柱，人形石柱高达 4.6 米，头戴羽饰高冠，十分威武肃穆，它们是用来支撑金字塔最高处的羽蛇神神庙的。

羽蛇神在图拉有着无与伦比的至高地位，传说它能带给人们光明与

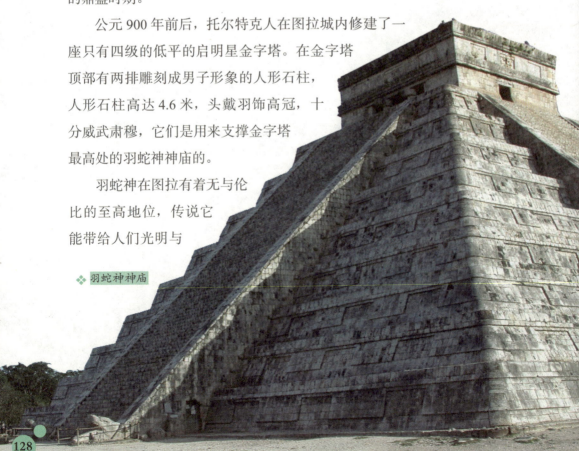

❖ 羽蛇神神庙

　　墨西哥是美洲大陆印第安人的古老文明中心之一，9000年前，古代印第安人培育了玉米，并引导了农业革命的发展，使得许多人类文明得以形成。闻名于世的玛雅文化、阿兹特克文化和托尔特克文化都是由墨西哥古印第安人创造的。太阳金字塔与月亮金字塔正是这一古老文化的见证。

理性，是人们心目中的启明星。羽蛇神的图案经常会出现在托尔特克人的各类建筑雕刻和艺术品中，它一般会被塑造成从金字塔墙壁向外张望，或者沿着柱子往上爬行的姿态。每一代的托尔特克首领都会将自己看作是羽蛇神的化身，以此来领导人民的意志。

　　托尔特克人喜爱勇士，因为勇士们为自己的国家开疆拓土，护佑平安，所以他们也经常将部落勇士的形象表现在各类雕刻艺术中。在这些人形雕像中，还有一些姿态奇特，斜倚着的石雕人像，它们经常会被雕刻在神庙之中，在石雕人像的胸前都各自托着一只盘子，这可能是在祭祀时放置祭祀品用的。除了人形雕像，托尔特克人还雕刻和描绘那些脖颈上挂着铃铛的美洲豹、正在啄咬美食的雄鹰、鸟与蟒蛇和美洲虎结合而成的奇特动物形象。

　　蟒蛇和鸟的组合便是羽蛇的形象，这一直是托尔特克人所崇尚的善良与智慧的化身，而美洲豹和美洲虎则代表着杀戮与黑暗，是邪恶力量的代表，那么当羽蛇与美洲虎结合为一体，是否就象征着光明与黑暗相和，正义与邪恶相交了呢？还是说这代表了两种力量可以相互转化？虽然我们无法理解这种现象，但却可以从中体会到一些托尔特克人充满矛盾的人性观。

　　图拉城终究还是被毁弃了，消失在历史中，在它古老的神话传说里，它的神曾经允诺将重返图拉，庇护子民，但神却没有回来过，也许在神的体内也有正义与邪恶、善良与杀戮的力量在做着不断的较量，当有一天，善良战胜了邪恶，光明便会重回大地。我们真心地祝愿，图拉城能够以全新的姿态出现在世界上。

玛雅文明的兴起、衰落和消亡

玛雅人创造了神秘的玛雅文明，它曾经辉煌一时，其中很多创造甚至令现代人为之折服，而它消亡的速度也同样令人震惊。

1566 年，一位来自西班牙的修士兰达在中美洲的丛林里发现了一座如高塔般威武壮丽的神殿，他当时惊讶得合不拢嘴，简直无法相信自己所看到的一切。兰达在丛林神殿旁流连了数月后，才依依不舍地离去，在他的笔记中有这样一段对神殿的描述："神殿都是以雕琢得非常精细的石块砌成的，尽管当地没有任何金属器具可用。"但那时的玛雅文明并没有得到欧美人们的重视。

1822 年，英国人开始着手对玛雅文化的研究，他们认为玛雅文明是由《旧约·圣经》中"失落的十部族"之后裔开创的。

1849 年，两名白人进入到了瓜地马拉东部的广大热带丛林之中，他们一个是英国人佛莱迪力克·嘉乌德，另一个则是美国人约翰·史蒂芬生，这两人进入丛林就是为了探寻玛雅人创造的古代超级文明遗迹，但那时中美洲发生了叛乱，局势动荡，两位探险家没多久就被逮捕了，直到数日后才被释放。两位探险家一得到自由便继续开始了探险活动，他们雇用了当地的向导，经过几天的长途跋涉后，终于发现了他们要寻找的文明古迹，那是一处比他们想象中更加壮美的遗

❖ 玛雅文明遗迹

迹，精美的雕刻、巨大的石柱和祭坛，其表面还都刻有不同的人物、动物以及象形文字。此外，林木间还矗立着一座金字塔形的巨大建筑物，东侧也有一座雄伟的神殿。史蒂芬生和嘉乌德二人的探险发掘工作一直进行了数年，新的遗迹不断被发现，而找到的遗迹越多，两人对玛雅文明就越是惊叹。

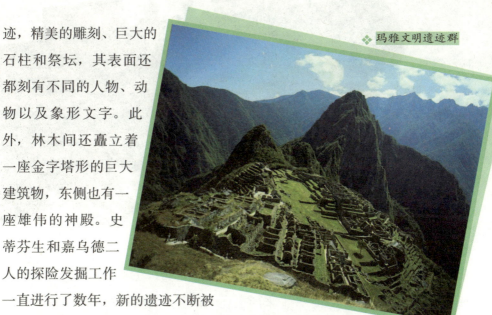
❖ 玛雅文明遗迹群

玛雅族是世代居住于中美洲的古印第安人，他们诞生于公元前3113年。哥伦布在1492年于中美洲发现了新大陆，但当时玛雅一族已然衰落，曾经辉煌一时的玛雅文明已成明日黄花，但谁也不能否认，这里确实有过一段辉煌灿烂的历史和先进的文明，它的发达在某方面甚至远远超越了今天人们的理解程度。玛雅文明还存在着谜一般的宗教，玛雅祭祀们曾经身穿以翠玉和羽毛装饰过的服装，夜观天象，带领着人民举行各种仪式及祭典，他们会使用比近代更为精准的太阳历，并最早发明了"0"的概念。

玛雅文明盛极一时，在公元7世纪~8世纪之时，它的繁荣终至顶峰，尔后仅仅过了一个世纪，这个走至巅峰的文明便轰然坍塌，神殿遭到废弃，巨型的建筑再无人问津，所有的一切都化为了废墟。

1519年，西班牙人的大军攻入中南美洲，他们杀了阿斯地加国王，并抢劫当地的

知识小链接

哥伦布是意大利航海家，他出生于意大利热那亚，曾先后移居葡萄牙和西班牙。哥伦布认为从欧洲向西航行，就能到达东方的印度。于是他在西班牙国王的支持下，先后进行了4次大航海，不但开辟了大西洋至美洲的航线，还曾先后到达巴哈马群岛、古巴、海地、多米尼加、特立尼达等岛，并认识了巴拿马地峡，发现了大西洋纬度和风向的变化。

黄金和香料，然而就在这时，他们看到了令自己终生难忘的景象，那是一个用巨大石头建造的都市，这座都市比西班牙的某些城市或者罗马、希腊等城市的遗迹更加雄伟高大。

常理而言，一个文明的发展大都会选择在河边，土地肥沃的地方，但玛雅文明所在的大约 30 万平方千米的土地，则全部是热带雨林，那里气候高温、潮湿，疾病流行，而且还有很多可以轻易致人于死地的野兽。那么玛雅人为什么会选择在那种地方创造文明呢？有人提出，玛雅人就是《旧约·圣经》中所说的"失落的十部族"之后裔，他们企图隐藏自己的踪迹，所以才会选择丛林作为种族的生存之所。

玛雅文明中最古老的都市名叫迪卡鲁，它的面积有 16 平方千米，在这里建有大量的神殿、宫殿和僧院。人们从迪卡鲁遗迹中发掘出了一块"时间石碑"，上面刻着最古老的日期 292 年和最近的日期 879 年。以此推断，在这 600 年间，就应该是迪卡鲁文明最鼎盛的时期了。

那么玛雅文明究竟是如何兴起，又是如何没落的呢？

❖ 玛雅文明水晶骷髅头

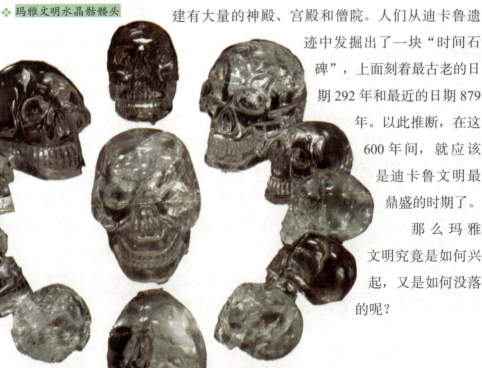

公元前 1150 年，奥美加文化开始了自己的繁盛期，玛雅文明随之发展起来。公元前 500 年左右，玛雅文明建立了强大的都市。其实早在奥美加时期，玛雅地区就已经出现了很多新兴市镇，百姓们过上了农耕生活，只不过那时的玛雅人还居住在低地平原地带。公元前 600 年，蒂卡尔逐渐自热带森林中崛起，当时的公共建筑还十分简朴。300 年以后，这颗宝石便发出了灿烂的光华，不仅出现了祭坛，并且有了以翠玉和贝壳为代表的货币，就连陪葬品也出现了阶级差异，这一切都说明，蒂卡尔已然形成了社会组织形态。

但是从公元 600 年开始，玛雅文明开始衰退，玛雅人纷纷离开了他们辛辛苦苦建造的城市，荒废了富丽堂皇的庙宇和庄严肃穆的金字塔，丢弃了那些矗立着雕像的广场和运动场。玛雅人的神殿和宫殿没人建设了，玛雅人的彩陶也没人再制作了，玛雅人也不再雕刻石碑。在蒂卡尔，人们找到了玛雅人留下的最后一块石碑，它的完成时间是公元 869 年，而整个玛雅地区的最后一块石碑，是于公元 909 年完成的。公元 8 世纪以后，玛雅文明彻底失落了，荒草蔓藤侵入了原本整洁的住宅和街区，曾经盛极一时的城市变成了一片荒芜的残垣。

没人知道玛雅人在当时到底遇到了什么，到底是什么让玛雅走向了没落？专家考察了玛雅人的遗迹，发现他们的城市既没有毁于战火，也没有毁于天灾，但玛雅人却突然地消失了，只留下那些雄伟高大的建筑遗迹。而且自那时起，玛雅人的智慧似乎也随之消失了，那些遗留下来的玛雅后裔开始变得庸碌无为，再也难以恢复祖先的荣光。

Part3 第三章

印第安史上的特诺奇蒂特兰城

特诺奇蒂特兰城是中美洲印第安历史上一个重要的城市，也是阿兹特克帝国的中心，是那个时代世界上最繁华的城市之一。

特诺奇蒂特兰城就坐落于特斯科科湖的一个小岛上，人口大约有 20 万~30 万。城市内的高档房屋都是用石块建造的，也有部分使用了泥沙砌造而成，还有的甚至盖起了二层小楼。对生活充满热爱的人们在自己的屋顶上遍植花草，远远看去就犹如一个个"空中花园"般美丽。特拉尔特洛尔科庙广场是城市内的主要广场之一，而另一个主要广场则是特诺奇蒂特兰城的宗教中心广场。

❖ 特诺奇蒂特兰城

在特诺奇蒂特兰城中除了有两个主要广场外，还有两个很大的市场，其中一个市场就位于中心广场旁边。市场每五天会开放一次集市，当集市开放之时，人们总会早早地抬着轿子或者驾驶着小木船，将自家的商品运到市场上出售。当时的市场交易非常活跃，商品也是琳琅满目，因为阿兹特克人没有使用铸币，所以他们的商品交易都是采用以物易物的方式进行的，不过其中某些商品本身已经具有了货币的职能，例如小块的锡、铜，或者金砂和金粉，等等。

特诺奇蒂特兰城所在的特斯科科湖小岛，一到多雨的年份水位会上涨，淹没城市，湖水中的盐分对岛上的农作物损害巨大。阿兹特克人吃到了苦头，便要想办法杜绝这一危害，于是他们修筑了一条长堤围住城市，将特诺奇蒂特兰城围进了一个安全且封闭的水湾中，水湾中的水位依靠水闸来控制。小岛与湖岸间通过三条石坝相连接，石坝又与城市内的主要街道相通，并通过中心广场向四周辐射延伸，在城内形成许多小河，用以担负运输的职责。

岛上的人们过着愉快的生活，但是随着帝国的发展，人口的增加，岛上人的生活空间正在逐渐变小，为了扩大生存空间，阿兹特克人便在岛屿的周围修建了许多人工岛。他们在沼泽地修建运河，建起挡土墙，将腐败的植物放入墙内，并定期向墙内填充沃土作为表层，人工岛的四周还要栽种树木以防水土流失。人们可以在人工岛上种植玉米等农作物。西班牙人称这种人工岛为"水上花园"，就连欧洲人也将特诺奇蒂特兰比作"意大利的威尼斯"。

创造了美丽的特诺奇蒂特兰城的人们，就如同这座绚丽的城市一般夺目。阿兹特克人对美丽的事物从来都有着最为真诚的

◆ 特诺奇蒂特兰城古地图

知识小链接

阿兹特克是墨西哥14世纪~16世纪的古老文明，其传承的阿兹特克文明与玛雅文明和印加文明被统称为中南美三大文明。其实"阿兹特克帝国"并不是一个严格意义上的帝制国家，因为它并没有制定全国的统一行政机构，就连"三方联盟"也是如此。也就是说，墨西哥谷地部落的联盟并不属于政治联盟，而应该是军事联盟。

热爱，这从他们的外表就可以看出来。岛上的男人们通常都喜欢披挂起宽大的斗篷，戴上绶带，女人则喜爱穿着拖地长袍。他们的衣服大多是用蜂鸟、野鸡、鹦鹉等色彩艳丽的鸟羽编制而成，也有部分是用棉布制作的。阿兹特克的男男女女都爱佩戴饰品，手镯、脚镯、头饰和耳环等装饰物林林总总。这些饰物大多是用金银、珠玉制作而成的。

❖ 特诺奇蒂特兰城古神迹

特诺奇蒂特兰这座古老而美丽的城市，最终却没有躲过西班牙殖民者的侵略，美丽的城市毁于战火，从此消亡。此后，墨西哥人又在这座城市的废墟上建立了墨西哥城。

如今特诺奇蒂特兰城的遗迹已经被发掘了出来，它曾经辉煌灿烂的历史又再次展现在众人面前。人们在墨西哥城国立人类学博物馆的阿兹特克纪念碑上为它写下了这样一段话："只要世界能够继续存在，那么阿兹特克人所建立的特诺奇蒂特兰城的声威和光荣就永远不会消失。"

❖ 特诺奇蒂特兰城古迹

消失的国度与文明

Part3 第三章

永不屈服的**阿兹特克**

> 阿兹特克文明因融合了多个地区的印第安优秀文化传统而逐渐崛起，并达到鼎盛，直至西班牙殖民者的入侵才终至消亡。

公元11世纪～12世纪的时候，阿兹特克文明得以长足发展，阿兹特克人也逐渐从北部迁入到了墨西哥的中央谷地定居生活，他们在特斯科科湖西部的岛上建立了特诺奇蒂特兰城，并与特斯科科和特拉科潘结为了"阿兹特克联盟"。阿兹特克国王伊兹科亚特尔担任联盟的首领，使得阿兹特克势力日渐强盛，占据了霸主地位，尔后的阿兹特克国主更是致力于开疆拓土。到了16世纪初期，阿兹特克的领土已经东到墨西哥湾，西达太平洋沿岸，南至危地马拉，北临契契梅克，其人口高达300万，势力强盛。

❖ 阿兹特克面具

阿兹特克人拥有很高的建筑天赋，他们将自己城市的首都特诺奇蒂特兰城建在了一座岛上，岛内有三条10米宽的石堤与湖外的陆地相通，为了防止敌人入侵，阿兹特克人还在石堤的适当位置留有一道横渠，横渠上架起了可以随时收放的吊桥，当敌人入侵时便可以收起吊桥，防止敌人进入

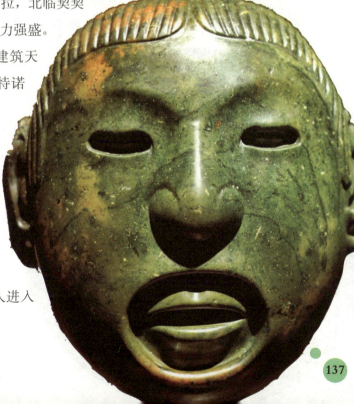

城市。特诺奇蒂特兰城内建有一座规模堪比古埃及金字塔的金字塔台庙，另外还有宏伟的宫殿、官邸、神庙和学校等建筑。

知识小链接

宗教在阿兹特克人生活中占有重要地位。居民相信灵魂永存，并相信存在至高无上的主宰。他们崇拜自然神，主神惠齐洛波契特利被视为太阳神和战争之神，其他的神主要有：创造神特洛克·纳瓦克、太阳神托南辛、雨神特拉洛克、玉米神希洛内、羽蛇神克查尔科·阿特尔、"双头神"奥梅特·库特利及妻子奥梅奇·华特尔等。

阿兹特克人已经掌握制造金、铜制品的技术了，但最主要的生产工具还是以石器为主，大多为黑曜岩，他们制作的陶器和绘画也都非常精美，并且在历法、医学、建筑、音乐、舞蹈和绘画方面也有一定的发展。特诺奇蒂特兰城内的公共建筑都十分宏伟壮观，大多以白石砌成，房屋四周的水面上遍植花草，犹如一片水上田园。

城市中心建有主庙，其基部长100米、宽90米，塔顶建造着供奉雨神特拉洛克和主神威济洛·波特利的神殿，神殿祭坛四周立有蛇头石雕，人们还在祭坛下发现了一个重达10吨的巨石，其上雕刻着被肢解的月亮女神图案。1790年，在墨西哥城的中心广场人们还发现了一个直径将近4米，重达120吨的"第五太阳石"，石头上刻着阿兹特克传说中四个时代的图像，以此可知，当时阿兹特克人在石雕艺术上的水准和高度。

特诺奇蒂特兰城四面环水，城内河道纵横交错，风景美丽宜人，别具一格的人工岛更是令人惊叹，就连殖民者也不由赞赏地称其为"水上花园"。

阿兹特克人对宗教信仰十分虔诚，他们相信灵魂可以永存，并相信世界上存在着至高无上的主宰。阿兹特克人崇拜自

然神，其中包括主神威济洛·波特利，另外还
有羽蛇神克查尔科·阿特尔、创造神特
洛克·纳瓦克、太阳神托南辛、玉米
神希洛内、雨神特拉洛克、"双头
神"奥梅特·库特利以及他的妻
子奥梅奇·华特尔等，就连国王
也被当作是神的化身来看待。在祭
祀神灵时，阿兹特克人往往会以战俘作为
祭品，武士也以能为众神献祭为荣，每年被祭祀给神灵的人
多达数千人。

❖ 阿兹特克文明

1519 年，西班牙殖民者埃尔南·科尔特斯敏锐地抓住了印第安人发生内
部矛盾的契机，大举进攻阿兹特克王国，国王蒙特苏马二世面对侵略者表现
得软弱无能，最终被西班牙殖民者俘获，他在被俘后还向国中的百姓进行劝
降，却被愤怒的群众击伤了，不久后便悲惨地死去，但西班牙殖民者科尔特
斯却侥幸逃脱了性命。科尔特斯在 1521 年又带兵打了回来，坚强不屈的阿兹
特克人没有畏惧战争和死亡，他们又一次选择了为自由而战，在新国王夸乌
特莫克的带领下与贪婪的西班牙殖民者进行了殊死搏斗，但由于天花肆虐，
粮食供应不上，饮水断绝，最终阿兹特克人的战斗还是以失败而告终，西班
牙人攻占了特诺奇蒂特兰城。侵略者在城市中肆意杀戮，烧杀抢掠，将一座
美丽的城市化为了灰烬，许多年后，在那片灰烬中诞生了墨西哥城。

如今特诺奇蒂特兰城虽已不在，但阿兹特克人不屈的精神仍然长存世间。

Part3 第三章

神秘消失的**奥尔梅克文明**

奥尔梅克文明是美洲已知的最古老文明。有人称它为中美洲古文明的"母亲"，但它却在公元前 400 年神秘地消失了。

3000 年前，地球上的大多数地区还处在蛮荒时期，文明仍被黑暗所笼罩，但在美洲墨西哥湾海岸上却有一种文明突破了黑暗的禁锢，展露出一丝灿烂的光辉，那就是奥尔梅克文明。

公元前 1200 年～公元前 400 年间，奥尔梅克文明开始在中美洲出现，并逐渐繁盛起来。直至公元前 900 年，圣洛伦索的奥尔梅克文明被暴力摧毁。公元前 400 年，拉文塔的奥尔梅克文明也莫名其妙地湮灭了。

很多人都认为奥尔梅克文明是中美洲文明的鼻祖，是它滋养了后世的文明，并为后世文明提供了数之不尽的文明财富。奥尔梅克文明曾在高原之上建造都市，曾在蛮荒之地创造文明。

奥尔梅克人有着很高的艺术造诣，他们高超的雕刻技术甚至令现代人叹为观止，其中最著名的当属奥尔梅克特有的人形雕像，这些雕像不仅体型庞大，而且雕刻得十分生动，从人像的面部特征来看，比较像非洲人，都是扁鼻子、厚嘴唇、凝视远方的眼睛，还戴着古怪的头盔，有人认为这些雕像的原型很可能是奥尔梅克的国王。令现代人震撼的是，这些

❖ 奥尔梅克石像

雕刻塑像所用的巨石并不是当地的产物，而是来自很远的地方。那么在当时极其落后的科技条件下，奥尔梅克人到底是用什么方法将那些沉重的玄武岩石块从 20 千米外运到当地，并将之雕刻成 3.048 米高的巨石头像的呢？这个疑问至今也没有得到解答。奥尔梅克不只有巨石雕像，也有很多小雕像，这种雕像在殷商遗迹中十分常见。研究人员认为，这些石像正是一种文明的象征。

奥尔梅克人不仅会雕刻石像，他们还创造了象形文字，这种文字与玛雅文字有相似的地方，也有明显的不同，其构成体系和语言特征还未能被人们破解。奥尔梅克人还使用玺印，他们将圆柱形的玺印涂上油墨，然后在纸或者衣服上进行滚动，用来拓印图案，后来玛雅人也沿用了这一方法。奥尔梅克人的种种发明创造，无不体现着他们的智慧和才华。

❖ 奥尔梅克文明石像

奥尔梅克人的创造还有金字塔、大型宫殿以及玉器、羽蛇、凤鸟、美洲虎崇拜和橡皮球游戏等，其中橡皮球游戏更是流传甚广，成为了各地人民非常喜爱的一项体育活动。

奥尔梅克人的最高神是以半人半美洲虎（美洲豹）的形象出现的，另外还有羽蛇神、凤鸟、谷神。奥尔梅克人信奉图腾，他们认为生命来自图腾，当人活着的时候要靠它庇护，如果死了，也会回归到图腾神那里。我国在商周时期，有的氏族以虎（虎豹不分）作为自己的图腾。在《山海经》中曾记载过以虎为图腾的氏族，这样的氏族图腾一直存在于我国的上古历史中，像西王母、罗罗、穷奇等都以虎为图腾。古时，彝族的巫师就身披虎皮，古巴比伦的王和神都身穿鱼皮衣，萨满教的巫师则身披鹿皮，这些都源于图腾观念。

少昊是东亚地区的神，他同样也是印第安人的神，这点在《左传》郯子的叙述中有过记载，并且在山东以及韩国的考古发掘中都发现了以少昊为凤鸟的图腾。虽然印第安人图腾中对凤鸟的造型还有不同解释，并且与羽蛇神的聚合也有不同做法，但仍能够推断，奥尔梅克人和殷商人一样崇拜少昊。

高度发达的奥尔梅克文明也在时刻影响着中美洲的政治、宗教、艺术和等级社会。有人将这种影响形容为"母亲文化"，他们认为奥尔梅克文明就是整个中美洲古文化的鼻祖；而另一些人则将之形容为"姊妹文化"，他们认为奥尔梅克文明与当时的其他古老文明是共存的，并相互影响，它们共同奠定了中美洲文明的基础。

不论是"母亲文化"还是"姊妹文化"，我们都无法否认，奥尔梅克文明确实对中

❖ 美洲文明之母的奥尔梅克文明

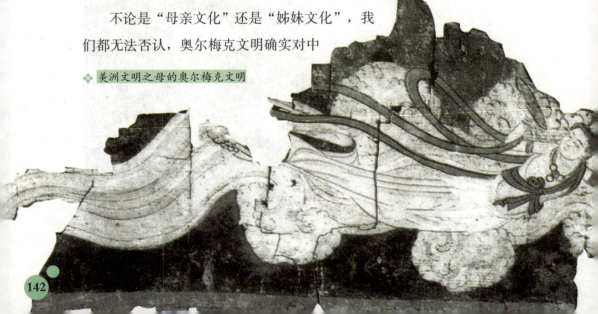

美洲文明的发展起到了极大的推动作用。但奥尔梅克文明本身是起源于哪里呢？它与殷商时期渡海而来的中国人有什么关系呢？这些还都有待人们继续去探索。

大约在公元前900年，奥尔梅克文明开始衰落，直至湮灭，但它开创的各种传统却在中美洲流传开来，被其他文明所继承，例如神权统治，例如金字塔、祭台和纪念碑，还有历法以及象形文字，甚至于他们创造的橡皮球游戏和对可可豆、玉石、凤鸟的喜爱也都被其他印第安文明继承了下来，这些被继承的文明构成了古代中美洲文明的基础。

奥尔梅克文明从鼎盛直至陨落，消失得莫名其妙，但在它的遗迹中，人们没有发现任何外敌入侵的痕迹，因此科学家推测奥尔梅克文明的消失可能是由于他们赖以生存的河流因淤泥堵塞而改道的缘故。失去了水源，人们就不得不离开故土，远走他乡了。

然而奥尔梅克文明的消失，并不代表着文明的火种就此泯灭，其他民族接过了文明的火炬，继续在文明之光的照耀下前进，于是，玛雅文明的时代到来了。

Part3 第三章

印加帝国的覆灭

印加帝国是古代印第安人建立的伟大帝国，它堪称是南美洲山区中的罗马帝国。但随着西班牙殖民者的入侵，帝国最终毁灭了。

曾经的印加帝国拥有强大的军队，先进的文明，其军队征服了绵延 4828 千米的安第斯山脉，将印加文明传向美洲各地。

印加人的工艺水平非常高，是优秀的工程师和建筑师，他们修建了雄伟的城镇，城镇按照几何状网络结构建造，四通八达的灌溉系统遍布于城市的大街小巷。印加社会是由贵族统治的阶级社会，印加国王作为神的化身，拥有帝国的最高统治权，在他身边围绕着圣女。印加国王死后会被制成木乃伊，并出现在某些仪式中，就犹如他还活着一般。统治阶级以下的所有人都平等地生活着，他们大部分人依靠土地为生，没有自己的私有财产，所拥有的一切都是公有的，人们用辛勤的劳动为国王纳贡。

印加帝国最主要经济来源是纺织品与农产品，这些产品让印加贵族过上了富裕的生活，相传当时贵族们的饰品和酒具都是黄金打造的。印加有 1000 多万人口在山谷中居住。由于人多地少，他们十分珍惜每一寸土地，即使是山腰上的土地，也被开垦出来种满了西红柿与玉米。印加人为了交通方便，

还在山间修建了道路，道路网遍布全国。印加帝国没有文字，他们的信息交流要靠送信人来传递，送信人可以在一个星期内将信息传递出 2414 千米，当时的信息记录是靠结绳的方式，它可以表达事实、数字乃至于任何信息。

印加文明的兴盛引来了西班牙人的垂涎，他们厉兵秣马，企图靠武力征服印加帝国。

1532 年，西班牙将领皮萨罗率领着 170 名士兵和探险者走进了印加帝国的所在地。当时，印加帝国的国王阿塔瓦尔帕正率领着

❖ 印加帝国遗迹

5 万人驻扎在卡哈马卡城外，虽然他已经得知了西班牙人到来的消息，但却并没放在心上，在他看来，那些欧洲人不过就是些粗野肮脏，只会说大话的家伙，他们连身像样的衣服都没有，只是为了抢夺金银而来，根本不值得惧怕。

11 月 15 日那天，西班牙人终于来到了他们苦苦寻找的印加帝国卡哈马卡城，当他们看到印第安人所建造的雄伟城市时，简直被眼前的景象惊呆了，甚至在他们的内心中对如此强盛的国家产生了畏惧，而阿塔瓦尔帕就带领着他的 5 万名战士驻守在下面的平原上，他根本没将那一小撮西班牙人放在眼里。但是印加战士低估了入侵者，他们的装备远远不如西班牙人，既没有剑，也

❖ 马丘比丘

145

没有战马，而阿塔瓦尔帕居然同意了西班牙人在广场上扎营的请求。

但是，当天会面的情形是：皮萨罗率领着他那支小得可怜的部队，一举擒获了印加皇帝阿塔瓦尔帕，在天黑之前杀死了6000到7000名印第安人，其余4万多印第安人士兵只是因为夜幕降临，西拔牙人已经累得无力继续屠杀才告幸免。但他们却没有杀印加国王阿塔瓦尔帕，只是将他生擒了。印加国王认为，西班牙人想要的不过就是黄金，只要满足了他们的欲望，他们就会离开。于是他对西班牙人承诺，将用一大笔财物作为自己的赎金。

大量的黄金工艺品被铸成了金条献给侵略者，但这些仍然无法满足西班牙人的贪婪胃口，他们企图完全控制印加。为了做到这一点，西班牙侵略者帮助被俘的阿塔瓦尔帕国王继续掌管印加王权，而作为回报，阿塔瓦尔帕要保证西班牙人在当地的安全，并将印加帝国的粮仓交由皮萨罗管理。

阿塔瓦尔帕国王从1532年底开始到1533年，一直作为一个傀儡统治着印加帝国，在这段期间，西班牙人一共瓜分了印加帝国送来的6吨黄金和12吨白银。印加国王尽一切力量满足着侵略者的贪欲，他心里还怀着一丝希望，也许有一天西班牙人拿够了赎金就会放了他，但是，西班牙人一点没有要释放阿塔瓦尔帕国王的意思。

此后，越来越多的西班牙侵略者来到了印加，他们为了从印加获得更多的好处，便假说阿塔瓦尔帕在山中埋伏了一支部队待命，企图前来营救他。虽然这并不是真的，但西班牙人却认为是真的，为防止阿塔瓦尔帕逃跑，他们马上处死了阿塔瓦尔帕。

阿塔瓦尔帕国王死后，印加帝国群龙无首，成了一盘散沙，面对侵略者的进攻，印加军队只得四散逃窜，躲进深山。印加人痛恨侵略者的暴行，在当地经常爆发起义，想要将西班牙人赶出印加，但起义却从没成功过。最终，在随后的几年时间里，皮萨罗率领着他那支袖珍部队（以及随后从西班牙本土陆续赶来的，每次最大规模不超过两三百人的后援部队），最终灭亡了印加帝国，并在印加帝国的废墟上建立了西班牙人在南美洲的第一个大型殖民地——秘鲁。

西班牙人征服印加帝国，可以说是一个历史的转折点。伴随着这次征服，战争、疾病和饥饿直接导致了绝大部分印加人的死亡，西班牙人随后接管了全部的安第斯地区。

印加帝国的毁灭令人扼腕，唯一值得庆幸的是，深藏在安第斯山丛林中的马丘比丘逃过了一劫，它成为了印加帝国那段曾经辉煌历史的见证者。

■ Part3 第三章

太阳门之谜

蒂瓦纳科城，这个谜一般的城市位于海拔 4000 米的高原上。这个高原上的景象，看起来不像是地球上的，倒像是别的星球上的。

这里的气压很低，大约只有海平面气压的一半，空气中氧含量也很少。体力劳动对于任何一个非本地人来说，都是难以忍受的。但是，恰恰在这样的高原上，曾经有一个大城市。

号称"世界考古最伟大发现之一"的"太阳门"就在蒂瓦纳科城中。古代蒂瓦纳科文化时代的巨石门，就位于今玻利维亚高原地区。可能原为一个巨大神庙的门，上有浮雕，因门楣上刻有太阳神形象而得名。横楣上刻地毯花纹，中间刻一手握权杖、正面而立、身穿战俘头装饰的外衣的神像，其头周围刻满放射状的线，线顶端有动物的头，权杖两端装饰着在美洲象征太阳的鹰的形象，故无疑此神即为太阳神。两旁各有神秘的动物，头戴锥形花冠，手握权杖，跪地面向中间的神。顶部和底部有排列着的人头，大睁双目，有的手举秃鹰，朝向太阳神。太阳门上浮雕所具有的神秘色彩和复杂的寓意性，体现了当时人对于宇宙现象的理解，其中包含了深奥的历法计数系统。

在的的喀喀湖东南部、海拔 4000 米高的层峦叠嶂的安第斯高原上，有一座前印加时期的蒂瓦纳科文化遗址。这是一个零星散在台地上的大遗迹群，位于太平洋沿海通往内地

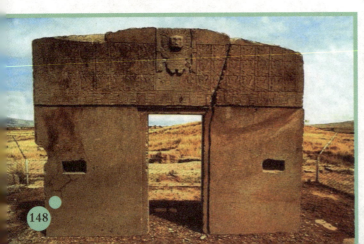

的重要通道上，遗址被一条大道辟为两半，大道一边是阿加巴那金字塔，另一边是卡拉萨萨亚建筑。该建筑至今仍完好无损，四周是坚固的石墙，里面有梯级通向地下内院，西北角就坐落着美洲古代最卓越、最著名的古迹之一——太阳门。它被视作蒂瓦纳科文化的最杰出的象征。蒂瓦纳科文化是公元5世纪到10世纪之际影响今秘鲁全境的一支文化。

作为该文化的代表太阳门，由重达百吨以上的整块巨型中长石雕镌而成，造型庄重，比例匀称。门楣中央刻有一个人形浅浮雕，人形神像的头部放射出许多道光线，双手各持着护杖，在其两旁平列着三排较小的、生动逼真的形象，其中上下两排是面对神像的带有翅膀的勇士，中

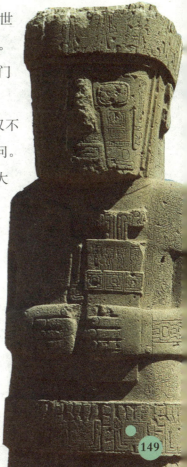

❖ **太阳门雕像石刻**

间一排是人格化的飞禽，浮雕展现了一个深奥而复杂的神话世界。这块巨石在发现时已残碎，1908年经过整修，恢复旧观。据说每年9月21日黎明的第一缕曙光总是准确无误地射入门中央。

凡是看到过"太阳门"的人，无不为它的宏伟壮观惊叹不已。面对着"太阳门"，惊叹之余，人们必然要产生种种疑问。首先，古代的印加人为何要不惜巨大的劳动力来建造这巨大的石门？从"太阳门"秋分时节射入第一道太阳光这点来看，有人认为，"太阳门"上刻的是历法知识。如果是这样，那将是世界上最古老的历法。然而这些图案与符号是如何表达历法的？古印加人又是如何测算出秋分时节太阳与"太阳门"位置关系的？美国学者贝拉米与艾伦在《蒂瓦纳科的偶像》一书中，对这些符号作了详细研究，认为上面记载了大量的天文知识，并记载了27,000年前的天象。这些知识是建立在地球为圆形的观念上的，那么，古代印

加人是如何知道这些知识的，又是如何了解地球是圆形的呢？还有，建造"太阳门"的安山岩产于的的喀喀湖上一个名叫珂帕卡班纳的半岛，它们是怎样被搬运到蒂瓦纳科来的？玻利维亚的科学家们做过实验，用木筏在水上只能运输较小的石块。如从陆上运输，6名士兵才能拖动一块半吨重的石头。而"太阳门"的重量在100吨以上，该用多少人来拖动？要把这么庞大沉重的石门立起来，必须要用大型的起重机。但当时的印加人连车辆都没有发明，他们是怎样把这巨大的石门立起来的？"太阳门"吸引了众多学者的目光。尽管人们做了许多努力，但这一切仍无法解释。

知识小链接

的的喀喀湖位于玻利维亚和秘鲁两国交界的科亚奥高原上，是世界最高的淡水湖之一，还是世界上海拔最高的大船可通航的湖泊。

　　为弄清蒂瓦纳科文化的来龙去脉，美国考古学家温德尔·贝内特用层积发掘法证明该文化最早年代为公元 300 年~700 年，太阳门等建筑在公元 1000 年左右正式建成。这里原是宗教圣地，朝圣的人群跋山涉水去那里举行朝拜仪式，可能就在朝拜同时运来了建筑材料，建造了这些宏伟建筑物。

　　但问题是，在当时生产力极为原始，怎么把重达百吨的巨石从 5 千米外的采石场拖曳到指定地点，要完成这任务至少每吨要配备 65 人和数千米长的羊驼皮绳，这样得有 26,000 多人的一支庞大队伍，而要安顿这支大军的食宿，非得有一个庞大的城市，但这在当时还没出现。

　　在古代美洲居民还没有制造出带有轮子的运输工具，也没有使用驮重牲畜的情况下，到底是什么人，在什么时候，又是为什么在这峭拔高峻的安第斯高原上建造了这座雄伟壮观的太阳门呢？

　　蒂瓦纳科考古研究中心负责人、玻利维亚考古学家卡洛斯·庞塞·桑西内斯和阿根廷考古学家伊瓦拉·格拉索用放射性碳鉴定，蒂瓦纳科建筑应该是开始于

◆ 的的喀喀湖

❖ 太阳门

公元 300 年~700 年，而建成美洲这一灿烂辉煌的文明大约是在公元 8 世纪以前，一般看法认为在公元 5 世纪~6 世纪。建筑者可能是居住在安第斯山区的科拉人，他们认为蒂瓦纳科曾是一个举行宗教仪式的中心场所。太阳门极有可能是阿加巴那金字塔塔顶上庙堂的一部分。

美国历史学家艾·巴·托马斯也同意遗址是科拉人建立的这一理论，但他说那里是一个大商业中心或文化中心。阶梯通向的地方是中央市场，石门框上的那个人形浅浮雕是雨神，辐射状的线条是雨水，两旁的小型刻像象征着他们朝着雨神走去，以承认他的权威。

更有甚者，说蒂瓦纳科是外星人在某一时期建造在地球上的一座城市，太阳门是外空之门。总之，对太阳门众说纷纭，莫衷一是。但我们相信，随着考古资料的不断发掘和科学技术的进步，太阳门的秘密总有一天会被揭开。

第四章

神秘而灿烂的 非洲文明

非洲的全称为阿非利加洲，意思为"阳光灼热的地方"。非洲坐落于亚洲的西南面，西临大西洋，东临印度洋，北与欧洲相望，东北角则以苏伊士运河为界，与亚洲分割开来，其领土面积约为3020万平方千米，约占世界陆地总面积的20%，居亚洲之后，是世界第二大洲。非洲的沙漠面积很大，约占其总面积的1/3，是世界沙漠面积最大的洲。非洲除了沙漠，也有广袤的草原和葱郁的森林。

Part4 第四章

埃及文明影响下的库施文明

库施文明距今已有 4000 年历史了，是非洲大陆上仅次于埃及的古代文明，它的政治和经济发展都受到了埃及文明极大的影响。

库施人早在古埃及王国之前就已在尼罗河第一瀑布以南的广大瀑布地区定居了。古埃及人将那片地域称为库施，古希腊人则称之为努比亚。古希腊人与古埃及人都称库施人为埃塞俄比亚人，意思为"晒黑了的脸"。

库施地理位置十分优越，正处于南北交通与东西交通的交会处。既是埃塞俄比亚山麓平原与可直达红海海岸的洼地，又有阿特巴拉河及其支流，都是方便通往埃塞俄比亚地区的路线；从埃塞俄比亚南面，沿着尼罗河而上，能够到达非洲腹地，达尔富尔平原、科尔多瓦平原与霍瓦尔干河、迈利干河都是通往乍得湖地区的便捷之路；埃塞俄比亚向西能够到达西非内地与尼日尔河流域；而北边穿过埃及就能直达地中海。这样优越的地理位置，使得库施成为了地中海、近东、远东欧洲文化的汇合处，为其发展过境贸易和对外贸易提供了非常便利的条件。库施的地理环境与埃及十分相似，尼罗河流定期泛滥，为这两个文明国家带去了肥沃的土地，使当地人可以发展起大规模的灌溉农业。库施还有储量丰富的金、铜、铁等矿藏，这有利于他们手工业的良好发展。

库施早期文明的发展与古埃及人密不可

知识小链接

人们普遍认为英语中的"埃及"一词是从古希腊语中演变而来的，而阿拉伯人则称"埃及"为米斯尔，这个词在阿拉伯语中有"辽阔的国家"之意。根据自然条件的不同，我们可以将埃及分为尼罗河流域及尼罗河三角洲地区、西奈半岛地区、东部沙漠地区和西部沙漠地区，或者可以将开罗以南称为上埃及，将开罗以北称为下埃及。

❖ 库施文明

分。自埃及第二王朝时起，库施便已与埃及关系密切。

埃及直接影响着库施的政治、经济、文化，推动着库施不断发展起来。库施人最早使用的文字是埃及人发明的象形文字；库施人信奉的神是埃及人供奉的阿蒙神，他们为其建造了与埃及一样的阿蒙神庙，并由从埃及底比斯阿蒙神庙请来的祭司主持库施的宗教仪式活动，埃及人还为库施修建了纳帕塔城，作为库施人的宗教活动中心；就连库施早期的伐木业和采矿业也主要是由埃及人开展的。

库施的繁荣引起了古埃及法老们的垂涎，不断领兵进犯库施部落，他们征集库施人参军，还派人掠夺库施部落内的黑檀木、乳香、象牙等特产。埃及法老谢努塞特三世就曾四次兴兵入侵库施，攻占了尼罗河第一瀑布和第二瀑布之间的广大库施领地，他在那里砍伐木材，兴建商站，开采金、铜等矿产。新王国时期，埃及法老图特摩斯一世也曾领军入侵库施，并一直攻打到尼罗河第四瀑布以南区域。

约公元前 760 年～公元前 751 年，正是埃及第二十四王朝统治时期，当时的埃及王朝势力衰弱，而库施已成为了一个统一的大国，其疆域起于尼罗

河第一瀑布，向南直至尼罗河第六瀑布，定都于纳帕塔古城，由第一任国王卡施塔执政。埃及实力的衰弱对库施的发展非常有利。卡施塔国王趁此机会，不断出兵埃及，占领了埃及南部的部分地区。

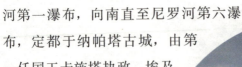
❖ 库施文明遗迹

公元前 751 年~公元前 716 年左右，库施王国由卡施塔之子佩耶统治，当时埃及的第二十四王朝法老与底比斯阿蒙神庙的祭司产生了矛盾，法老无奈，只得向库施国王请求援助，这一请求正中库施国王佩耶的下怀，他垂涎埃及已久，正好借此机会挥军北上。库施大军迅速攻占了埃及的底比斯，但在进攻赫尔摩波利斯城时却遭到了埃及方面的顽强抵抗。于是佩耶下令在城外修建了一座高塔，弓箭手可以从高塔上向城内放箭，致使埃及人死伤惨重，不得不投降。佩耶一路得胜，不断北进，直至攻占了埃及的孟斐斯古城，并在普塔神庙继承了上、下埃及的王位，这就是埃及历史上的第二十五王朝，也被称作埃塞俄比亚王朝，它是埃及历史上非常有名的黑人王朝，后因亚述人的入侵而衰落。

公元前 655 年，埃及驱逐了亚述侵略者，建立了埃及第二十六王朝。此后，埃及第二十六王朝的法老萨美提克二世派军攻打库施。库施军不

❖ 库施文明金字塔

敌埃及军队，只得被迫撤往南方，自此以后，库施终于摆脱了埃及的影响，开始了独立发展。

罗马人在公元前30年占领了埃及，埃及人民不愿被压迫，奋起抵抗，一时间起义不断。库施王太后觉得这是一个绝佳的机会，便趁机领兵攻打驻守在埃及南部边境的罗马军队，还一举攻陷了厄勒藩廷、锡伊乃和菲莱。罗马驻埃及的行政长官得到消息，马上率领10,000步兵和800骑兵前往增援，两军在阿斯旺附近展开了激烈的交锋。此战库施军队大败，罗马军则趁势攻入库施境内。但因为阵线离埃及太远，不利于作战，罗马军队始终不能消灭库施军队，最后双方决定停战，并于公元前21年议和，罗马得到了库施北部的一小部分领土。

公元1世纪后期，库施文明日渐衰落。有学者们认为，库施文明的衰落是由于奴隶反抗和奴隶来源枯竭造成的；另一些人认为，库施地区气候的变化才是它衰落的原因；还有人认为，是外族的入侵导致了库施的国力下降。

不管是哪种原因，库施确实不断地衰落下去，当它衰落的时候，正值东方阿克苏姆国的鼎盛时期。公元350年，阿克苏姆国国王埃扎纳举兵进攻库施，库施国都麦罗埃城被毁，库施统治者逃亡，至此，库施文明彻底灭亡了。

Part4 第四章

世界七大奇迹之——亚历山大灯塔

亚历山大灯塔是埃及的标志性建筑，也是当时世界上最高的建筑物，它见证了埃及帝国的兴衰，也遭遇了一次次毁灭性的打击。

公元前330年，马其顿国王亚历山大大帝侵入了埃及，他还在尼罗河三角洲西北端的地中海南岸建立了一座城市古亚历山大。亚历山大城具有十分重要的战略地位，并在不久后成为了古埃及的首都，它目前不仅是中东地区和地中海最大的国际转运港，还是世界上最繁华的都市之一。举世闻名的亚历山大灯塔就建立在这里。

相传在公元前280年的秋天，一艘埃及皇家喜船趁夜驶入了亚历山大港，但那晚月黑风高，喜船看不到方向，因此不幸触礁沉没了，当时在船上的皇亲国戚和一众贵族，以及埃及从欧洲娶回来的新娘，全部都未能幸免，葬身大海了。

喜船的不幸遭遇令古埃及举国震惊，为了避免以后再有这类惨剧的发生，古埃及法老托勒密二世下令在亚历山大海港的入口处修建一座高大的灯塔，以便来往

❖ 亚历山大古城

的船只都可以在夜晚看到灯光，再也不会迷失方向。灯塔的修建一共用了40多年的时间，最后终于修建成了一座高达135米的3层高塔。

亚历山大灯塔就坐落于埃及亚历山大城边的法洛斯岛上，它不存在任何宗教色彩，完全是为了保护人们的生命安全而建造的。在晚上，亚历山大灯塔的光芒可以照耀整个亚历山大港，为在海上航行的船只保驾护航。

根据相关的史料记载，亚历山大灯塔整体是用铜和花岗石等修建而成，所用的建筑材料都十分珍贵。塔身除基座外分为三部分：第一层为方形结构，高60米，其间有300多个房间，是用来作机房、燃料库和工人寝室的；第二层是八角形结构，高15米；第三层是圆形结构，其上以8根高约8米的石柱支撑着灯楼。灯楼之上，建造有一尊8米多高的波塞冬铜像。埃及人使用橄榄油和木材作为灯塔的燃料，为了使灯塔可以长明不熄，希腊设计师还为它专门设计了一个类似于电梯的人工升降装置，这样就可以轻松地将燃料等物品运送到灯塔上了。在灯火的后面，人们立起了一面巨大的凹面镜，这面镜子通过反光的原理，可以将灯塔上的火光反射到很远的地方，甚至连47千米外的人都能清楚地看到这个光亮，这样一来，在海上航行的人们就不会再迷失在漆黑的夜里了。

这座灯塔可以说是古埃及最后一个王朝托勒密王朝的象征，也是当时世上最高的一个建筑，它自建成之日起，便成为了古代世界的一个"奇迹"，即便是在现代，它也比目前世界上最高的灯塔——日本横滨海洋塔，高上几十米。

公元前30年，罗马帝国新的统治者屋大维率兵侵入了亚历山大城，精彩绝艳的古埃及艳后克利奥帕特拉七世自杀身亡，自此，古埃及由一个国家变成了罗马帝国的一个行省。公元640年，阿拉伯将领阿穆尔·伊本·阿斯领军入侵埃及，于是古埃及又归入了阿拉伯帝国哈里发的统治之下。王朝的更替在历史的长河中犹如一圈圈涟漪，激荡不已，只有高大的亚历山大灯塔依旧静静地矗立在那里，无喜无忧地默默看着王朝的

❖ 亚历山大灯塔

兴起与衰落，它就像一个奇迹，神奇地躲过了敌人一次次毁灭性的入侵，成为了古代世界七大奇迹中除金字塔外唯一的幸存者。

人力终有限，但地震却是天地之威。公元956年，一场大地震袭击了灯塔，亚历山大灯塔在那次地震中受损严重，几乎丧失了引路的功能，而在1303年与1323年发生的两场大规模地震，终于将这座世界最高的灯塔震断了，从灯塔上被震落的巨石崩塌而下，堵塞了半个港口，直至几十年后，亚历山大港口上依然是一片废墟。

1480年，人们清理了港口的废墟，并用灯塔遗留下的巨石建起了一座宏伟的城堡。今天的游人已然能够走入到亚历山大灯塔的原址，近距离观赏这座古代世界遗留给我们的奇观了。

知识小链接

托勒密王朝是由亚历山大大帝留守在古埃及的部将托勒密·索特尔创立的。亚历山大去世后，托勒密成为了埃及实际意义上的决策者，他为了得到古埃及的统治权，与亚历山大的其他部将发生了战争。公元前305年，托勒密正式称王，号为托勒密一世，托勒密王朝的最后一任君主是女王克利奥帕特拉七世和她的儿子托勒密十五世——小凯撒。

❖ 托勒密王朝古遗迹

160

Part4 第四章

兴盛一时的**阿克苏姆文明**

> 阿克苏姆文明在公元 4 世纪兴盛一时，它依靠优越的地理位置，成为古印度和古埃及的贸易中心，可最终它还是被湮灭于历史之中。

阿克苏姆文明于公元 1 世纪的下半叶兴起于今埃塞俄比亚境内，它是一个奴隶制国家，其首都坐落在阿克苏姆城，阿克苏姆文明最兴盛之时的领土面积包括了红海两岸的广大区域，曾经有一位希腊商人在他所写的《红海环航记》中第一次提到了阿克苏姆的名字。

阿克苏姆的百姓会建造梯田、修建灌溉系统、放牧牛羊、驯猎野象，还种植葡萄和小麦，他们之中有些技术高超的匠人，可以在山巅开凿碉堡和教堂，其建造工艺堪称一绝。阿克苏姆最重要的一个贸易中心是阿杜利斯港。阿杜利斯港靠近曼德海峡，可以直接控制住红海地区的航运交易，而且它距阿特巴拉河也很近，可以一路沿河北上，直至尼罗河中游，因此也是内陆贸易的重要市场。来自印度、埃及、拜占庭和意大利的棉布、铁器、装饰品和酒源源不断地运进阿杜利斯，再从那里换回黄金、香料、象牙、玳瑁和犀牛角。

❖ 阿克苏姆文明遗迹

　　公元 1 世纪，阿克苏姆建立了自己独立的国家，公元 2 世纪左右，他们统一了北方，尔后又开始向埃塞俄比亚高原中部入侵。公元 320 年~360 年，是阿克苏姆国王埃扎纳在位期间，他领兵征服了麦罗埃、埃塞俄比亚高原和南阿拉伯，并与当时的罗马皇帝结为同盟，国势日盛，风光无限，埃扎纳甚至被人们称为"众王之王"。埃扎纳执政期间对文字进行了改革，他创制的埃塞俄比亚文字一直沿用至今。他还要求全国改奉基督教，并将其定为阿克苏姆的国教，以此达到统一各部落信仰的目的。

　　公元 525 年，阿克苏姆国王加列布派兵入侵也门，使阿克苏姆王国进一步加强和扩大了对阿拉伯半岛南端的掌控。由于国势日盛，使得阿克苏姆在古代的国际政治中越来越占有着举足轻重的地位。东罗马帝国在与波斯对抗期间，便曾与阿克苏姆交好。东罗马皇帝查士丁尼一世在阿克苏姆国王加列布征服也门期间，不但给予了大力支持，还两次派遣使者到达阿克苏姆，要求阿克苏姆的商人尽量垄断从中国贩卖到印度的生丝，再转卖给东罗马帝国，借以打击和控制波斯的生丝交易。

阿克苏姆文明之所以能够如此迅速地兴盛起来，这与古代东西方的海上交通贸易有着十分密切的关系。公元 6 世纪后期，地中海地区经由红海与印度进行贸易，其贸易日渐繁荣，正是这一原因，促使了阿克苏姆王国的崛起与兴盛。

6 世纪后期，伊朗侵占也门，并占领了阿克苏姆的部分通商城市和海岸地区。自此，阿克苏姆退出南阿拉伯。7 世纪时，阿拉伯帝国逐渐兴起，印度至地中海的商路被阿拉伯人垄断，阿克苏姆失去了与海外联系的全部通道，开始逐渐衰落下去。8 世纪时，阿杜利斯港彻底荒废，被掩入黄沙之中。至 11 世纪，阿克苏姆彻底灭亡。

❖ 阿克苏姆文明遗迹

神秘的古埃及文字

古埃及的象形文字被后世称为"神的文字"，由于历史原因，它早已失传，直到"罗塞塔石碑"出现，才被人们重新破译出来。

在我国古代的神话传说中，文字是由仓颉所创，这与古埃及神话中的文字起源十分相近。在埃及，人们认为文字是由月神、计算与学问之神图特创造出来的。

古埃及的象形文字中包含了音符、意符、限定符三种字符：音符含有单音素文字、单音节文字、多音节文字；意符则表示一个单词；限定符需要添加在单词最后，用以确定语义的范围。

1890 年，在埃及遗址发掘时，人们发现了公元前 3000 年前的纳尔迈石板，它被当作了古埃及象形文字最早的文献。但是在 1987 年，德国考古队在阿比多斯发现了一座前王朝时期统治者的坟墓，这次发掘找到了几百块骨片，考古工作者将之复原后发现，其中竟然还包含了具有完全规模的古埃及象形文字，而这座坟墓的历史年代为公元前 3150 年。大约在公元 4 世纪，古埃及人的象

❖ 古埃及象形文字

形文字就几乎失传了，只有极少数人还能读懂它们的意思。公元391年，罗马皇帝狄奥多西一世发布敕令，他下令关闭所有非基督教的神殿，从那以后，古埃及就再也没有建造过刻着象形文字的神殿和纪念碑。而到了现代，象形文字便真的成了一个不解之"谜"。

数百年来，很多的近代学者都试图解开古埃及象形文字之谜，但那都不过是毫无根据的猜测和单纯依靠想象力的虚幻，而这些尝试最终也都以失败告终了。

公元4世纪时，出现了赫拉波罗的《象形文字集》，文字集的作者是谁没人知道，但文中对将近200个象形文字都做出了相应的解释，这部著作一直以来都是人们解读古埃及象形文字的一大障碍。早期的研究人员认为它出自希腊文，而近期的研究人员则认为它的内容中含有真正的知识残片，因此将其定性为古埃及知识阶层想要挽救即将失落之文明的一次看不到希望的尝试。《象形文字集》的发现还影响了文艺复兴时期的符号主义，例如弗朗切斯克·科罗纳的《波利菲尔之梦》和安德烈·阿尔齐亚特的《图形的寓意》。

1800年初，拿破仑军队远征埃及，远征军队在罗塞塔城附近发现了一块用古希腊文、圣书体和世俗体三种文字刻写而成的黑色玄武石碑，这块石碑被称作"罗塞塔石碑"。罗塞塔石碑成为了人们解读古埃

知识小链接

1799年，法军上尉皮耶·佛罕索瓦·札维耶·布夏贺在埃及港湾城市罗塞塔发现了罗塞塔石碑。石碑上用希腊文字、古埃及文字和当时的通俗体文字刻有古埃及国王托勒密五世登基的诏书。这让那些近代的考古工作者能够根据它来解读、破译古埃及象形文字。自从1802年开始，罗塞塔石碑便被保存于大英博物馆中公开展示了。

古埃及象形文字

及象形文字的重要资料。商博良博士从国王托勒密的名字入手，借助着自己丰富的语言知识，终于在 1830 年破译了古埃及的象形文字。商博良博士称，当文字出现、发展并在古埃及开始普及后，对文字的简化也就随之发展起来了。于是便出现了僧侣体和世俗体之分。世俗体适合写于纸草之上，而圣书体也并未因此而绝迹，两种字体达成了共存。就如罗塞塔石碑，它就包含了圣书体与世俗体两种字体。

一位英文作者分析：公元前 6 世纪～公元前 5 世纪，在波斯人统治期间，在亚历山大征服了埃及之后，在马其顿和罗马统治期间，圣书体都在一直被使用着。古埃及象形文字的地位在晚期时候有些复杂。一些人说古埃及象形文字可以区分"真正的埃及人"和外国统治者，但这种说法可能归因于古代的罗马和希腊作家对古埃及象形文字存在偏见，并且出于对自己的文化的自尊心，古希腊、古罗马时期的作家十分不情愿用自己的语言来描述对方的文化。因为古埃及象形文字被"神圣化"，所以当时的作家们总是将它想象成具有某种寓言或者魔术的力量，是秘传而又神秘的知识。但自尊心也导致了对这种文字的无视。

古埃及象形文字的衰落有其内在原因，也有其外部原因，但好在这种文字如今已经被人们破译，人们可以通过它更多地了解古代埃及的历史和文化。

Part4 第四章

天狼星未解之谜

在埃及金字塔经文之中，天狼星被古埃及人命名为"新年之名"，埃及人将天狼星早于太阳升空的那天，定为元旦日。

在古埃及，天狼星被认为是"索普代特"的化身。索普代特在象形文字中便被写作一颗星星和一个三角形，而天狼星消失于埃及夜空的 70 天，在埃及神话中被描述为索普代特和艾西斯渡过埃及地府的时间。

由于天狼星离太阳足够远，因此它能比太阳升起得更早，就在天狼星偕日升起的那天，也正是尼罗河水一年一度泛滥的时期。尼罗河水是埃及的母亲河，每当河水泛滥，就能够灌溉尼罗河两岸的大片良田，当河水退去，埃及人就可以在土地上继续他们的耕种了。古代埃及人不仅认识到天狼星偕日升起时，便是尼罗河三角洲开始泛滥之时，他们还发现，天狼星每两次偕日升起的间隔是 365.25 天。于是古埃及人便将黎明前天狼星自东方升起的日子定为岁首，而我们现在所使用的"公历"历法，正是以此为依据的。

在埃及还有一本内容详细的历书，这本书产生于公元前 421 年，它采用了一种被称为天狼星周期历法的概念，历书以天狼星升起的时间为准，确定年周期为 32 000 多年。

所谓的天狼星周期，就是天狼星再次

知识小链接

孟菲斯坐落于埃及尼罗河三角洲的南端，是当时世界最壮丽的都市。从公元前 3100 年前起，它便是埃及最古老的国都，埃及人在这里定都长达 800 年，直到公元前 2000 年被底比斯所取代，公元 7 世纪被毁。据传孟菲斯是公元前 3000 年由法老米那所建，名为"白城"，后来改称为孟菲斯。如今的孟菲斯只留下了一个博物馆和残破的石雕。

和太阳在同一地方升起的时间周期。在某一个固定的季节里，天狼星从夜空中消失，尔后又会在太阳升空以前，再次出现在天空中。人们精确地计算了这段时间，如果去掉小数点的尾数，那么这个周期为 365 天。

更让人们吃惊的是，在夜幕中人们可以用肉眼辨别出 2000 颗星星，而其中能精确地以 365.25 天为周期，并与太阳同时升起的星星就只有天狼星一颗。因此在古埃及人的历法中才会将天狼星比太阳早升空的那一天，定为元旦日。

天狼星与金字塔之间有着微妙的关系，而金字塔又是从天文学角度来构思并建造的，因此古埃及人这种对天狼星不同寻常的关注，便使人感到十分奇怪。要知道，人们只有在尼罗河泛滥初期，才能从孟菲斯城贴近地平线的晨曦之中见到天狼星。从考古学者发现的种种迹象表示，天狼星历书与金字

塔经文的历史几乎同样悠久，而两者的起源也一样的扑朔迷离。

每当人们仰望天空中的亿万星辰之时，便会涌出这样的疑问，在太古时代，到底是谁能拥有这样高超的科技知识，可以在这漫天星辰之中观察到天狼星的与众不同？法国数学家史瓦勒鲁比兹就曾经说过，天狼星的周期是"完全无法料想的意外天体现象"，要发现这个意外，首先就必须要对天体运动进行长期的观察，而这正是古埃及人的强项。人们从金字塔经文中能够得知，古埃及人擅长长期且精确地观察天体运动，并将之记录下来，正是由于他们这种孜孜以求的精神，才最终发现了天狼星的奥秘。

作为一个现代人，我们不得不惊叹于 4000 年前古人类的毅力与智慧，并对他们能够在无数星星中选中天狼星表示由衷地敬佩。

❧ 埃及尼罗河

Part4 第四章

险遭沉没的**努比亚古迹**

努比亚遗迹是努比亚文明留存在世间的明证，但它险些遭到毁灭性的打击，幸运的是，它最终被人们挽救了回来。

努比亚文明与古埃及文明有着紧密的联系，早在古埃及时代，法老们不但在努比亚修建了通往沙漠矿区的道路，还在那里兴建了城市、宫殿和寺庙。

古埃及十九王朝时期，努比亚兴建了阿布辛拜勒的大庙。神庙被修建在尼罗河西岸的峭壁之上，为了修建神庙，人们在峭壁上凿出了一个高约 33 米，宽约 37 米，纵深 61 米的洞窟，神庙的正面有 4 尊巨大的拉美西斯二世法老雕像。王后寺庙也被称作小阿布辛拜勒庙，它是拉美西斯二世为自己的王后尼菲泰丽修建的。这座神庙也是在悬崖上开凿出来的，只不过规格略小一些，神庙正面雕有 6 尊高达 10 米的雕像，其中有 4 尊为拉美西斯二世，另外两尊为尼菲泰丽王后，这些塑像形态逼真，艳丽无比，尽管历经了 3000 多年的时光，依然显得栩栩如生。

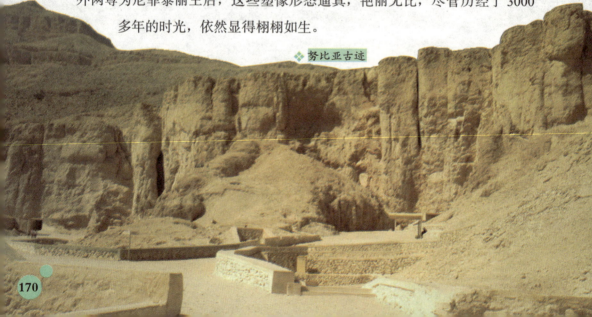

❖ 努比亚古迹

菲莱神庙是努比亚神庙中唯一一座融合了埃及法老时代、罗马以及希腊建筑风格的综合性建筑，它是献给女神艾西丝与哈索尔的礼物。

❖ 努比亚古迹险遭沉没

传说，艾西丝与乌祖利斯是一对感情深厚的夫妻。乌祖利斯教会了古埃及人如何耕作，因此得到了人民的爱戴，但是他的能力却遭到了弟弟的嫉妒，于是他的弟弟将他残忍地杀害，并在碎尸万段后把他的遗骨撒在了埃及各地。艾西丝跋涉千里，只为寻回丈夫的遗骨，她边找边哭，最后终于将丈夫的遗骨全部找了回来，使乌祖利斯借助神力恢复了半个生命。此后，艾西丝生下了儿子"荷利斯"，她偷偷将儿子抚养长大，最终报了杀夫之仇。古代的埃及人将艾西丝当作天上的女神，认为每年泛滥的尼罗河水，就是艾西丝为寻找丈夫而流下的眼泪。

1910年，修建阿斯旺水坝时，几乎使这些努比亚的文明遗址葬身于水中。20世纪60年代，阿斯旺又开始重修水坝。如果水坝建成，那么尼罗河水位必将上升，努比亚古迹就会真的沉入水底了。

为了保住努比亚古迹，联合国教科文组织紧急呼吁全世界展开拯救古迹的活动。

❖ 努比亚古迹的人面像

第四章 神秘而灿烂的非洲文明

171

拯救古迹活动从 1962 年开始动工，全世界众多的工程师、科学家和工人一共进行了 40 多次大规模拯救行动，经过实地考察和精密的测量、计算，人们拆散了 22 座庙宇，并将之完整地转移到了安全地带重建。人们先用钢板将古迹围起来，尔后将里面的水抽干，再将岩石按规定切割成块，运送至高出水库水位的地方重新安装。在拯救古迹的过程中，菲莱神庙被迁移到了一座靠近阿吉基亚的小岛上，而其他神庙则被分别重建于四个精心挑选的地方。

知识小链接

为了保护自然遗产和世界文化，联合国教科文组织于 1972 年通过了《保护世界文化和自然遗产公约》。尔后，成立了世界遗产委员会，并建立了《世界遗产名录》。那些被列入《世界遗产名录》的地方，可接受"世界遗产基金"提供的援助，为了能够得到世界人们的关注与保护，各国都对申报"世界遗产"表现得十分积极。

人们用了将近 20 年的时间，终于把努比亚古迹保存了下来，如今在老瀑布饭店边上还建有一个"努比亚博物馆"，那里展示了一些阿斯旺地区努比亚人的生活与文化，挽救了一些努比亚文明。

努比亚遗址承载着努比亚的古文明，它宏伟的建筑绝对堪称一项世界奇迹，令人赞叹不已，同时它也是人类保护世界遗产的一项杰作。

1979 年，阿布辛拜勒至菲莱的努比亚遗址被联合国教科文组织列入了《世界遗产名录》。

千年古墓金字塔

曾经，人们深信金字塔就是古埃及法老的陵墓，但一个个考古事实却不断推翻了这一说法，那么，金字塔到底是为何而建的呢？

古埃及第三王朝时期，埃及法老便开始修建金字塔作为自己的陵墓，埃及法老乔塞尔曾经任用伊姆荷太普作为自己陵墓的设计师，要求他主持自己陵墓的设计工作，伊姆荷太普不是一个墨守成规的人，他别出心裁地设计出了一种层级状的陵墓，这个设计得到了法老的肯定与赏识。到了第四王朝，斯尼弗鲁法老执政时期，法老的陵墓便已发展成了如今这种角锥体金字塔的形状，并且这种形状还成为了此后历任法老王金字塔陵墓的范本，从那以后，金字塔陵墓的修建便没有间断过，一直延续了 1000 多年。

金字塔修建 2000 多年后，古希腊作家希罗多德曾到埃及参观过这些气势宏伟的古代建筑。事后，希罗多德根据自己的研究和考察结果写作了《历史》一书。他在书中表示，金字塔是古埃及法老命令奴隶和平民修建的，他要将自己的木乃伊存放于此，以便为将来的复活做准备。这本书成为了人们研究西方古代历史的一个重要依据，而希罗多德的观点也为世人普遍接受。

❖ 金字塔近照图

据传，1839 年曾有一位英国探险家进入了门卡乌拉金字塔，他在其中发现了一具法老的木乃伊，但遗憾的是运送文物的船在西班牙海域附近发生意外，法老的木乃伊不幸沉入了大西洋的海底。此后埃及和西班牙为了寻找文物，曾联合展开打捞活动，但却始终也没有找到沉入海底的木乃伊文物，这个不幸的意外给人们留下了永久的遗憾，更使金字塔与木乃伊披上了一层神秘的面纱。

金字塔是法老的陵墓，这一观点早已深入人心，但是到现在为止，人们也没有在金字塔内发现任何一具木乃伊。

举世瞩目的拉蒙西斯木乃伊和图坦卡蒙木乃伊都是在底比斯的"帝王谷"中发掘出来的，就连一些不为人知的木乃伊也往往是从金字塔附近的墓穴中被发掘出来的，甚至有一些木乃伊就埋葬在沙漠之中。而最为人所熟知的胡夫金字塔中也是空空如也，根本没有发现法老的木乃伊，金字塔内只有一具空的石棺和一块刻有"胡夫执政第 17 年"的石块。

难道金字塔不是法老的陵墓吗？考古学家们一直对此疑惑不已。

1993 年，德国考古学家鲁道夫·甘登贝林利用现代科技，操纵一台小型机器人进入到胡夫金字塔内探秘，却被阻隔在一扇石门之后，随后的 2002 年，由美国国家地理学会组织的考古人员再次使用机器人探秘胡夫金字塔，这次机器人终于绕过了那道石门，但却仍然没有发现法老的木乃伊。世人对此感到无比失望，同时也愈加疑惑，人们开始怀疑法老修建金字塔的真正目的。

有些人对此提出了自己的看法，他们认为金字塔并不是古埃及法老们为自己修建的陵墓，它们只是古埃及人对天狼星崇拜的一种表现和观察天象时的参照物。

古埃及人在很早的时候就发现了天狼星的变化，每当天狼星在黎明时刻出现在东南方的地平线上之时，就代表尼罗河的汛期即将来临，因此天狼星也得到了古埃及人的崇拜。古埃及人修建的金字塔群与天空的星座有着密切的关联，而吉萨高地上的3座金字塔，更是具有十分重要的意义，其中胡夫金字塔的南通风孔，每到一个特定的时间段便会直接对准天狼星的所在。

金字塔之谜扑朔迷离，它到底因何而建人们始终无法找到正确的解答，只能期待在未来的探索中能够找到新的依据。

■ Part4 第四章

埃赫那吞之谜

埃赫那吞（约公元前 1379 年～公元前 1362 年在位），是古埃及第十八王朝的国王。埃赫那吞原名阿蒙霍特普四世，阿蒙霍特普三世之子，最初 3 年是与父亲共治。

埃赫那吞的母亲名叫提伊，虽然不是王族家庭出身，却具有一定胆识，能协助丈夫治国。第十八王朝（约公元前 1570 年～公元前 1320 年）是古埃及史上的强盛时期。经过多次的侵略扩张，帝国的版图北至叙利亚的卡赫米什，南面一直伸展到尼罗河第四瀑布。埃赫那吞从小便博览群书，满腹经纶，但性子倔强。在他成为法老之前，他就对阿蒙神庙僧侣们互相抱团的做法不满，对僧侣们在地方上的骄横也早有所闻，因此便决心削减阿蒙神庙的僧侣势力。他即位后，起用了一批新的大臣，换了新的宰相，又从下层官吏中提拔了一些资历较浅的新官吏，使他们成为自己政权的支柱。埃赫那吞偏爱希利奥波里城的地方神阿吞神（太阳神），因此，在他即位之后，便下令以阿吞神取代阿蒙神为全国最高神，命令全体子民一律供奉新神。为此，他将自己的名字阿蒙霍特普改成埃赫那吞，意即阿吞的光辉。还自称自己

❖ 埃赫那吞牛头神像

是阿吞神的儿子。埃赫那吞在全国推行新神取缔旧神的同时，还要借清除阿蒙神庙僧侣贵族之机，靠行政命令将千百年来古埃及人崇拜的其他的神一扫而光。这一措施令习惯阿蒙神和地方神的埃及人十分奇怪："这是怎么回事？怎么好端端的阿蒙神不让拜了？我们自己的神也不让拜了？"一时间不知内情的百姓都有一种大难临头的感觉："国家安宁了不少日子，看来又要出大乱了。"于是富人忙着藏匿私人财产，迁到乡间避祸。僧侣们如热锅上的蚂蚁，上蹿下跳，企图影响埃赫那吞的决策。宫廷内部也不安宁。王族成员和一些高级僧侣们便请已经退位的老法老阿蒙霍特普三世和王后劝劝埃赫那吞。老法老和王后规劝儿子不成功。埃赫那吞心想："收回成命，他们自然满意，但我自己的面子、权威却在天下人面前丢尽了。况且僧侣们也未必就此罢休，他们心里藐视我的懦弱。既为一国之君，就需言必行，行必果。我得罪了阿蒙神的僧侣就得罪到底，但同时也取得了阿吞神僧侣的赞同，有得必有失。而且以赫伦希布为首的将领向我表示效忠，他们不满僧侣们所作所为。有军队和手下一班人马，就不怕这帮装神弄鬼的人兴风作浪。"

❖ 埃赫那吞神像

第二天埃赫那吞当着文武百官发布命令："由于阿吞神的感召和阿蒙神庙祭司拒不服从我的命令，自本日起关闭全国各地非阿吞神的神庙，将僧侣赶出庙

❖埃赫那吞神像

门回家，还俗为民。一切公共建筑物和纪念物上的阿蒙的名字必须彻底清除。在全国各个城市必须建起至少一座阿吞神庙，各级地方官员要带头向我的父亲阿吞神献祭，宣誓永远忠于英明、伟大的造物主阿吞。"接着，埃赫那吞又宣布：已没收的其他神庙的土地划归阿吞神庙，禁止僧侣参政。首都迁往底比斯以北300千米的希尔摩。为新都取名"埃赫塔吞"，意为"阿吞的地界"。让麻伊负责营建新都，赫伦希布负责取缔一切非阿吞崇拜。各级官员必须听从调遣，消极怠工或拒不服从者必严加惩处。文武百官听罢，个个目瞪口呆。埃赫那吞视若无睹，挥手道："此令已出，理解要执行，不理解亦要执行。"随后离开御座，转身退朝。当天下午，大批军队分头查抄了底比斯的各大阿蒙神庙，强行将僧侣们赶出庙门。死活不愿走的被士兵生拉硬拖至门外。许多僧侣背着行李卷离开多年生活的

❖埃赫那吞石柱

庙宇时热泪盈眶，内心里痛骂埃赫那吞。阿吞庙的僧侣则轻松愉快，接管了阿蒙神庙的大批田产、奴隶和其他财产。埃赫那吞在位第六年，动员几十万劳工建设的新都埃赫塔吞落成，包括宏伟的王宫、高官显贵的住宅、可与底比斯阿蒙神庙媲美的阿吞神庙、部队营房。埃赫那吞由祭司选出个良辰吉日，率领满朝文武官员，并带各自家眷奴仆以及卫戍部队，浩浩荡荡迁往新都。埃赫那吞迁入新宫后便无心朝政，整天陶醉在宗教生活和宫廷生活中，政事由麻伊掌管，军事托付

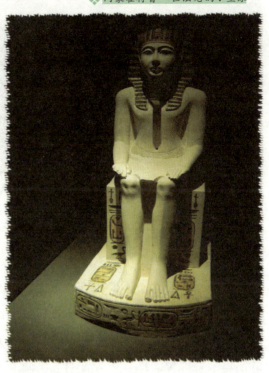

❖ 阿蒙霍特普一世法老的小塑像

给赫伦希布。这两人因为与阿蒙僧侣贵族有利害冲突，因而很是卖力。埃赫那吞本人则疏于朝政，对下放松监督，于是统治日益松弛，国家机器像一驾陈旧的马车，虽能运行，但到处吱嘎乱响，运转不畅。底比斯的僧侣仍然明里暗里结集，向阿蒙神举行献祭活动。起初，各个城市的长官还严办违令者，但久禁不止之后也就索性睁一眼闭一眼，更关心的是中饱私囊了。老百姓受租税和服劳役的双重压迫，牢骚满腹。新王国充满了危机，但埃赫那吞却脱离现实，继续生活在他自己的理想境界当中。他自认为是阿吞神同人间联系的唯一使者，夫妇两人每日上午带着子女去神庙祷告、献祭，下午便待在宫内玩乐。埃赫那吞酷爱颂歌和雕刻艺术，麻伊为首的一帮文人投其所好，创造出一首首吹捧阿吞和法老的诗。每当他听

知识小链接

阿蒙霍特普三世，古埃及第十八王朝法老，在位38年（大约是公元前1391年～公元前1353年）。法老图特摩斯四世之子。阿蒙霍特普三世在约6岁～12岁间登基，第十八王朝在他统治时达到全盛。

到这些颂词时，便十分的高兴。但是那些仇恨埃赫那吞改革的阿蒙神庙的僧侣们，却一直在找机会想刺杀埃赫那吞。一天在埃赫那吞和老王后同坐一车去阿吞庙祭神的路上，埃赫那吞遇到了想刺杀他的人。但是刺客没有得手。国王遇刺的消息很快传开，阿蒙神庙的僧侣们借机又放出风来说："这是阿蒙神对法老的一次警告，假如他还要倒行逆施，就要受到更严厉的惩罚。"一时间，埃及全国上下一片人心惶惶。王后涅菲尔提

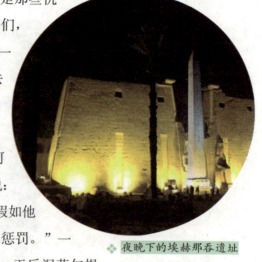
❖ 夜晚下的埃赫那吞遗址

忧心忡忡劝埃赫那吞不要再这样下去了。不料，埃赫那吞大发脾气，将王后斥责了一通。王后伤心极了，便带着孩子回到了底比斯，直到死后，夫妻二人也没有再见一面。公元前1326年，埃赫那吞在众叛亲离中去世。刚刚9岁的图坦卡吞即位。以麻伊为首的大臣们上表一致要求将首都迁回底比斯。不久，新国王颁布命令，将首都迁回底比斯，为阿蒙神庙僧侣彻底平反，归还庙宇财产，由国库对一些被处死的僧侣的家属和致残的僧侣进行赔偿。在僧侣的压力下，图坦卡吞的名字也改为图坦卡蒙。图坦卡蒙19岁就突然死了。埃赫塔吞城被宣布为"邪恶的地方"，渐渐变成了一片废墟。

智慧之书

人们对斯芬克斯的研究并未止于地质和历史的层面，有人甚至发现了狮身人面像在天文学意义上的象征意义。狮身人面像本身就是个千古之谜。

在古代的神话中，狮身人面像是巨人与妖蛇所生的怪物：人的头、狮子的躯体，带着翅膀，名叫斯芬克斯。斯芬克斯生性残酷，他从智慧女神缪斯那里学到了许多谜语，常常守在大路口。每一个行人要想通过，必须猜谜，猜错了，统统吃掉，蒙难者不计其数。有一次，一位国王的儿子被斯芬克斯吃掉了，国王愤怒极了，发出悬赏："谁能把他制伏，就给他王位！"勇敢的青年狄浦斯，应国王的征召前去报仇。他来到了斯芬克斯把守的路口。"小伙子，猜出谜底才让通过。"斯芬克斯拿出一个最难最难的谜给他猜。"能发出一种声音，早晨用四条腿走路，中午用两条腿走路，晚

◆ 狮身人面像

上却用三条腿走路，这是什么？""这是人。"聪明的狄浦斯很快地猜了出来。狄浦斯胜利了，他揭开了谜底；但斯芬克斯不服输，又给狄浦斯出了一个谜语："什么东西先长，然后变短，最后又变长？"狄浦斯猜出了谜底"影子"，于是斯芬克斯原形毕露，便用自杀去赎回自己的罪孽。据说，狮身人面像是依照斯芬克斯的形貌雕刻的。其实，狮身人面像并不是只有埃及开罗才有。只是在开罗的这一座最大，而且是最古老的。不过，各处雕刻的大小狮身人面（或牛头、羊头等）像，都是蹲着的。不同的是，有个别的还举起了一只爪子。

❖ 狮身人面像

人们在长期的研究中发现，狮身人面像中有着一个惊人的秘密，它涉及到一个预言，一个预测了人类未来的预言。这个预言就是传说中的"智慧之书"。

人们在狮身人面像及其附近的地域，进行了一次全面的搜索。最后，终于在在狮身人面像前足下 2 米左右的地方，即是正对着黄道面狮子座的地方，人们发现了一个空洞！在这个空洞里面，有着我们想要探寻的一切。在这个空洞里面，有着隐藏在狮身人面像之后的惊人秘密。很快，空洞就被打开了，里面静

❖ 狮身人面像

静地躺着一部羊皮书手稿，它是用古拉丁文写成的，成书时间大约在公元前 8 世纪，作者署名为丹尼斯。难道这就是传说中的"智慧之书"？由于古拉丁文几近失传，故对此书的解读费了不少周折。不过，即便仅从已破解的部分来看，这本书也足以让我们感到惊讶了。因为我们在书中看到了——1999！读过诺查丹玛斯大预言的人也许都不会忘记，在 1999 年 7 月的一天，狮子座、天秤座、天蝎座、金牛座交会成一个恐怖的大十字时，人类的历史即将宣告结束。而在这本羊皮书的丹尼斯预言里，作者亦作了如下的说明：狮身人面像其实就是这 4 个星座的合体。狮子对应着狮子座，象征着权利，代表一个社会的政治；人头对应着天秤座，象征着精神，代表一个社会的宗

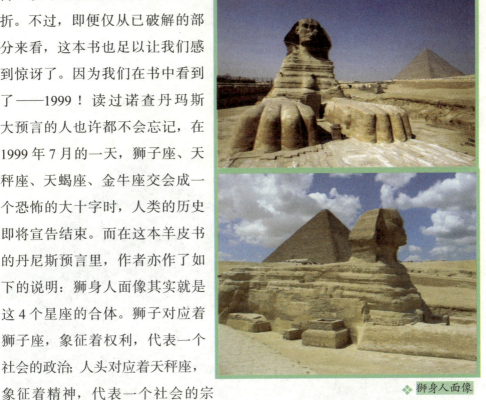

❖ 狮身人面像

教；鹫翅对应着天蝎座，在古代，天蝎座又被称为天鹰座，它象征着智慧，代表一个社会的科技；牛尾对应着金牛座，象征富有，代表一个社会的经济。

　　令人惊讶的是，在这本"智慧之书"中，不仅记载了狮身人面像的神秘内涵，还预言了一位魔王的出现："我不知那是什么时候，人类中出现了一位魔王，他拥有旷世的权力，他的子民们为了满足他的欲望而屠杀、侵略和掠夺……我亲爱的孩子们哪，你们千万不要听信他说的话。他的每一句话，都将把你们带到不可回复的罪恶和灾难之渊。"也许连希特勒自己也不曾料

著名的斯芬克斯狮身人面像位于埃及的开罗市西侧的吉萨区，在胡夫拉金字塔的南面，距胡夫金字塔约 350 米。斯芬克斯本是希腊神话中的带翼狮身女怪，在欧洲很多国家的古代雕塑中都有类似的形式。

到，在很久很久以前，竟会有一位先哲已看到了他的出现；更不可能想到，他自己不经意间说过的话，会成为对未来人类命运的咒语，并且其中的一部分已逐渐变成了现实。

丹尼斯在书中用了大量篇幅讲述一个名为"希多拉"的人在 20 世纪所做的一切，并将其称为"一位叛乱的预言家"。可以想象，希特勒也许诚如丹尼斯这位先知先觉者所描述的那样，具有超过常人的预知力，和丹尼斯、诺查丹玛斯一样，是上帝派来拯救人类的。但是，前二人采用了一种温和的方式。他们婉转地告诉即将面临的灾难，让人类自己设法去拯救自己。但希特勒完全叛逆了，他完全背离了拯救人类的使命，成了一名给人类带来不尽灾难的混世魔王。也许研究人的心理是世界上最难有所收获的科学，因为至今为止，人类也许还受着某种不可企

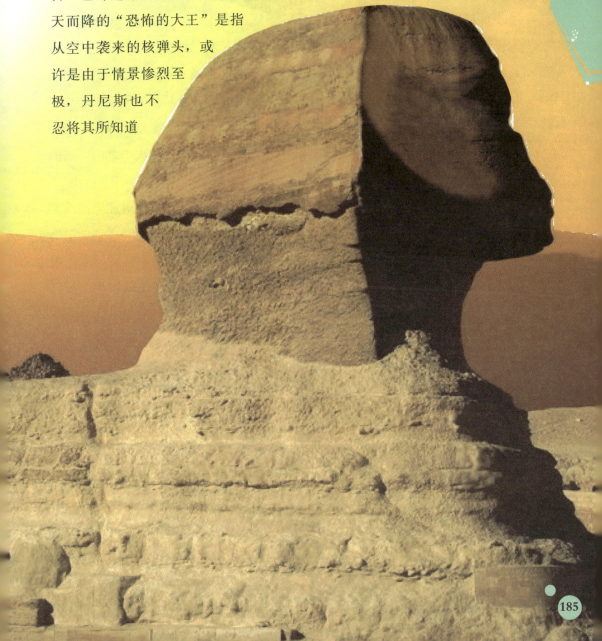

及的神的力量的控制，在冥冥之中进行着或许并不属于自己的行为。

　　读过诺查丹玛斯《诸世纪》一书的人一定对书中所描述的"恐怖的大王"记忆犹新。但时过境迁，我们已很难准确破解这一词汇的确切含义，单知道这是描述人类末世灾难的一个恐怖的暗语。令人惊讶的是，同样的现象竟然出现在了丹尼斯的这部羊皮预言书中。而作者对"恐怖大王"所作的基本介绍与《诸世纪》中描述的一样，但我们却难以看到"恐怖的大王"的真实面目。也许这指的是核大战，所谓从天而降的"恐怖的大王"是指从空中袭来的核弹头，或许是由于情景惨烈至极，丹尼斯也不忍将其所知道

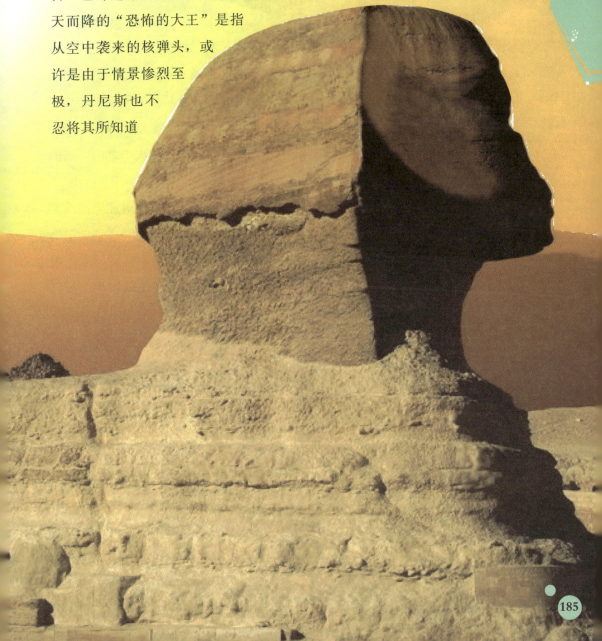

的一切用具体的词汇描述出来。在丹尼斯的羊皮书中，有这样一些关于"恐怖的大王"的描述。"它（恐怖大王）带着火光从天而降，不明的光闪烁在天边。还有一束巨大的光，将人们卷入死神的裙袍。我至上的神啊，求你救救我们的子孙们吧……"

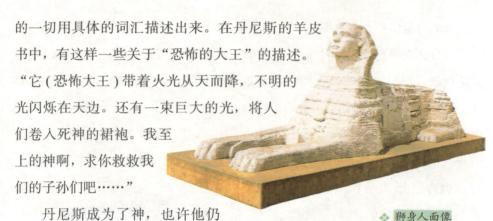

❖ 狮身人面像

丹尼斯成为了神，也许他仍然无法拯救我们人类；但如果我们因他而知道了自己的命运，他就无法继续修炼而成为神。让我们再回过头来看一下那些离奇的文字吧，也许那便是在描述一次巨大的核爆炸场面："在一片强烈的光闪现之后，一股强大的高温热流喷爆而出，卷走了它所经过的一切建筑塔群，随着一个巨大的蘑菇云升腾而起，整个大地开始剧烈地颤抖起来。人类，在这浓烈的火焰之中顷刻消亡，甚至还没有来得及回首一下过去。"

对于丹尼斯的预言，还有的研究者认为那是在描述人类因对环境的巨大污染而最终遭到的报复，并由此而走向衰亡。还有人认为所谓的"恐怖大王"是指宇宙射线。众所周知，南极上空的臭氧空洞因人类对氟利昂的过度使用与消耗正明显扩大。可以想象，在不远的将来，地球大气的臭氧层将会遭到来自人类自身的全面破坏，而最终丧失抵御宇宙射线的功能。以上的种种推测都十分符合"恐怖的大王"的条件，很难想象它们叠加在一起会有什么样的效果，也许，"恐怖的大王"就是指它们全体吧。

❖ 狮身人面像守护的金字塔